本书获得国家自然科学基金项目（71202033）、2019年上海高校青年教师培养资助计划（ZZLX19024）、上海立信会计金融学院骨干教师创新团队建设项目的资助

四种供应链结构下销售员激励模型研究

汪丽艳 ◎ 著

中国财经出版传媒集团
经济科学出版社
Economic Science Press

图书在版编目（CIP）数据

四种供应链结构下销售员激励模型研究/汪丽艳著
.—北京：经济科学出版社，2021.8
ISBN 978-7-5218-2307-3

Ⅰ.①四… Ⅱ.①汪… Ⅲ.①销售-激励-研究
Ⅳ.①F713.3

中国版本图书馆 CIP 数据核字（2021）第 014015 号

责任编辑：王柳松
责任校对：孙　晨
责任印制：王世伟

四种供应链结构下销售员激励模型研究
汪丽艳　著
经济科学出版社出版、发行　新华书店经销
社址：北京市海淀区阜成路甲 28 号　邮编：100142
总编部电话：010-88191217　发行部电话：010-88191522
网址：www.esp.com.cn
电子邮箱：esp_bj@163.com
天猫网店：经济科学出版社旗舰店
网址：http://jjkxcbs.tmall.com
北京季蜂印刷有限公司印装
787×1092　16 开　9.75 印张　140000 字
2021 年 8 月第 1 版　2021 年 8 月第 1 次印刷
ISBN 978-7-5218-2307-3　定价：46.00 元
（图书出现印装问题，本社负责调换。电话：010-88191502）

前言

由于市场竞争环境复杂多变，企业无法靠单打独斗去面对所有环节的竞争。未来的竞争已不是企业与企业之间的竞争，而是供应链与供应链之间的竞争。企业必须与供应链的上下游企业结成联盟，整合整体的竞争能力和资源，实现共赢。此外，销售员处在企业与顾客连接的第一线，他们的努力直接影响市场需求和顾客满意度进而影响企业收益。因此，供应链企业需要设计适当的契约激励销售员，以使供应链系统利润最大化。本书以博弈论、委托代理理论和运筹学优化理论为基本研究方法，研究四种供应链结构下销售员激励对供应链绩效的影响。四种供应链结构如下：制造商—销售员、制造商—销售员—零售商、制造商—零售商—销售员和制造商—零售商—销售员—顾客，分别构建了供应链成员的博弈模型，并给出了销售员激励契约的设计和对供应链成员收益的影响。本书主要创新性成果有如下四点。

第一，制造商—销售员的供应链结构。本书在对称信息、单一信息不对称、双重信息不对称和竞争环境下，考虑了制造商—销售员供应链结构中销售员激励契约的设计，并进行对比分析。研究发现，对称信息状态下销售员的底薪最高，佣金最低，销售努力水平最高，制造商的收益最高；和单一信息不对称状态下相比，双重信息不对称时底薪增加，佣金和努力水平减少，制造商收益也减少；价格一定时，佣金随着竞争的增加而增加；当价格较高时，销售员的底薪随着竞争的增加而增加；价格较低时，底薪随着竞争的增加而减少；销售员的努力，随着竞争的增加而减少。

第二，制造商—销售员—零售商的供应链结构。构建了无销售员促销和有销售员促销的供应链中相关企业的博弈模型，分析了销售员促销对供应链绩效的影响。具体结论如下：无销售员促销集中决策模式下商品销售价格最低，无销售员促销分散决策模式下商品销售价格最高，有销售员促销时商品销售价格介于两者之间。有销售员促销时，商品的零售价格随着生产量的增加而降低。若生产量小于某一阈值时，有销售员促销时，制造商的收益低于无销售员促销时制造商的收益，系统收益低于无销售员促销集中决策时的系统收益；若生产量大于该阈值时，有销售员促销时，制造商的收益高于无销售员促销时制造商的收益，有销售员促销时，系统收益高于无销售员促销时的系统收益。而有销售员促销时，零售商收益总是小于无销售员促销分散决策模式下零售商收益，无销售员促销分散决策时系统收益最低。

第三，制造商—零售商—销售员的供应链结构。构建了制造商和零售商协同激励销售员的协同激励模型和仅有零售商激励销售员的传统激励模型，分析了不同激励方式对供应链绩效的影响，并对比了两种情形下的契约设计和供应链成员收益情况。研究发现，与传统激励相比，协同激励时制造商给予零售商的佣金减少；零售商给予销售员的佣金减少，底薪则由销售员的风险规避系数而定；制造商收益增加，零售商收益下降，整个供应链系统的收益增加。

第四，制造商—零售商—销售员—顾客的供应链结构。将销售员的努力分为短期努力和基于顾客满意的长期努力，应用委托代理理论，分别研究了对称信息和信息不对称两种信息状态下，协同激励和传统激励两种激励模式共同构成的四种情形下的激励契约设计，并对比了四种情形下的销售努力水平和供应链系统收益情况。研究表明，对称信息传统激励时，销售员长期努力等于短期努力；对称信息协同激励时，销售员长期努力高于短期努力；信息不对称传统激励时，销售员的短期努力不低于长期努力，并且，随着销售员对未来贴现的增加两种努力均有所增加，当贴现为1时，两种努力水平相等；信息不对称协同激励时，若贴现因子较小，短期性努力水平高于长期性努力水平，若贴现因子较大，短期性努力水平低于长期性努力水平；和信息不对称传统激励相比，信息不对称协同激励时销售员的长期努力水平增加，短期努力水平减少，但制造商和整个供应链系统收益增加。

本书把供应链协同思想应用到销售员激励中，实现了共赢，丰富了供应链协同理论和销售员激励理论，具有重要的理论价值和实践应用价值。

汪丽艳

2020年12月

目　录

第1章　绪　论

1.1　研究背景和研究意义

1.1.1　研究背景

21 世纪是信息时代，市场需求的变化遵循摩尔定律和突变定律，无论是跨国企业还是中小企业的竞争空间都处在全球化层次上，由于市场竞争环境的复杂性和多变性，因此，企业无法靠单打独斗去面对所有环节的竞争并对市场需求实现快速响应。马丁（Martin，2003）指出，未来的竞争已不是企业与企业之间的竞争，而是供应链与供应链之间的竞争。企业必须与供应链的上下游企业结成联盟，整合整体竞争能力及资源，实现共赢。

沃尔玛（Wal-Mart）与上游供应商保洁（Procter & Gamble）协同的成功，使供应链协同成为许多公司的准则，这些公司都与其供应商形成了长期的协同关系。协同关系可以帮助公司分担风险，互补资源，减少交易成本，增加生产效率，提高利润绩效和竞争优势。

可见，供应链协同在实践界与理论界均已经相当普遍，但是，关于供应链协同的研究，主要集中于减少成本、提高销量、改进预测精度等方面。已知重要文献鲜有关于供应链中人员的协同激励的研究。莫斯和坎特（Moss and Kanter，1994）指出，公司从事协同活动依赖很多关键的雇员。斯坦克（Stank，2001）指出，当供应链组织在人力资源利用上协作时，两个企业就可以实现协调价值，超过各自独立产生的价值。①

销售员激励费用是公司最主要的费用之一。在美国，销售员的补偿激励费用可占到总销售费用的40%。如企业花费8000亿美元用于销售激励，广告投放为2850亿美元，销售员补偿激励费用大约是广告费用的3倍。至少有2000万人投入销售岗位，其中，大约有360万销售员从事B2B销售，超过1500万从事B2C的零售销售（Zoltners et al.，2008）。

销售员是企业与顾客连接的纽带，他们的努力直接影响市场需求和顾客满意，进而影响企业收益。销售员的激励问题一直是文献关注的焦点，科赫兰和森（Coughlan and Sen，1989）及阿尔伯斯（Albers，1996）对销售员的激励问题均做出很好的综述。然而，现有研究只单纯地考虑销售员激励合约的设计，并未把销售员激励问题放在供应链系统中考虑，更没有考虑销售员激励对企业绩效的影响。事实上，一个高效的销售队伍，能够使企业增加不少于10%的销售收入（Zoltners et al.，2008）。

本书正是基于上述背景，对制造商—销售员，制造商—销售员—零售商，制造商—零售商—销售员，制造商—零售商—销售员—顾客四种供应链结构下销售员激励问题进行研究，并从对供应链绩效的影响这一新的视角出发，探讨销售员的协同激励对制造商收益和零售商收益的影响。

---

① 此为“跨边界协同激励驱动的渠道关系管理模型及实证研究”的项目研究成果。

1.1.2　研究意义

无论是实践界还是学术界，都非常重视对销售员的激励。通过大量文献分析可以发现，目前，对销售员激励的研究主要来自单个激励主体，或者是制造商或者是零售商，而鲜有二者协同激励的研究。此外，国内对销售员激励的研究，大多是基于定性分析。因而，本书依托国家自然科学基金项目“跨边界协同激励对销售人员绩效和渠道忠诚的影响机制与实证研究——基于渠道关系视角”，选择“四种供应链结构下销售员激励模型研究”作为主题，从定量角度，系统地阐述了销售员激励的原理，给出具体激励契约的设计。针对不同的供应链结构，运用博弈论、委托代理理论和运筹学相关理论，构建了不同供应链结构下的销售员激励模型，并给出相应的激励补偿合约和对供应链绩效的影响。研究意义主要有以下三点。

第一，具有重要的理论价值。深入研究四种供应链结构，分别针对对称信息、信息不对称、双重信息不对称及竞争性四种情况，以及供应链中销售员的作用及不同激励方式展开研究，为研究供应链管理问题和销售员激励问题提供了新的思路、原理和方法，可丰富供应链管理理论、协同理论和销售员激励理论。

第二，具有重要的实践应用价值。通过对模型结果的分析，得出了销售员激励补偿合约的特点；对比协同激励和传统激励两种情形下的激励合约参数和供应链成员的收益，指出协同激励提高了制造商和供应链系统的收益。上述结论为供应链决策提供了现实的管理方法。

第三，具有重要的创新价值。一是把销售员激励问题放到整个供应链系统中来考虑，把供应链协同思想应用到人力资源激励中。二是将营销和生产运营结合起来，考虑生产运营对销售员激励契约的影响。三是本书除了研究销售员激励问题，还分析了销售员协同激励对供应链成员绩效的影响。

本书以国内外相关领域的研究成果为基础，运用博弈论、委托代理理论和运筹学优化理论等方法，从理论和实际出发，建立了不同供应链结构下的销售员激励模型，并给出销售员激励对供应链绩效的影响。本书的主要创新思想是将销售员激励问题放在供应链中来研究，将生产运营和市场营销结合起来，并且，考虑供应链成员制造商和零售商协同激励销售员；而以往的研究割裂了生产运营和市场营销，仅考虑二级供应链系统下制造商或者零售商对销售员的激励问题。本书涉及的供应链系统包括两级、三级甚至四级。另外，本书还考虑了在三级供应链系统中销售员促销的作用。并且，分析了销售员的不同激励方式对供应链绩效的影响。本书具体的研究内容和创新点包括以下四点。

（1）制造商—销售员供应链结构。这种供应链结构存在于很多行业中，研究该种供应链结构下销售员的激励问题具有重要意义。大多数已有文献往往假定对称信息，并且，没有考虑竞争对需求的影响。为了更贴近现实情况，本书假定需求受竞争和销售努力的双重影响，研究了三种信息情形，即对称信息、单一信息不对称和双重信息不对称下的销售员激励模型，给出销售员的底薪、佣金和销售努力水平，分析了信息对销售员激励的影响，并对比了不同信息状态下制造商和销售员的收益情况。

（2）制造商—销售员—零售商供应链结构。在现实中，有很多行业是这种供应链结构，本书研究了该供应链结构下销售员促销对供应链绩效的影响，建立了制造商—销售员—零售商供应链结构下有无销售员促销情形下的博弈模型，分别得出无销售员促销情形下和有销售员促销情形下的激励计划、零售价格和订购量，并对这三种情况进行了对比分析。

（3）制造商—零售商—销售员供应链结构。研究了制造商—零售商—销售员供应链结构下销售员的激励问题及销售员的协同激励对供应链绩效的影响。本书建立了制造商和零售商均给予销售员激励的协同激励模型和仅有零售商给予销售员激励的传统激励模型，分别给出两种激励情形下的契约设计，并对两种情况进行对比分析，给出协同激励对销售员补偿合约和供应链绩效的影响。同时，通过 Matlab 软件进行数值模拟，验证了结论的有效性。

（4）制造商—零售商—销售员—顾客供应链结构。已有文献大多假定销售努力是一维的，而忽略了销售努力效果不同的特性。本书根据努力效果的不同，将销售努力分为两个维度，即能够增加现在销量的短期努力，能够提升顾客满意度进而增加将来销量的长期努力。建立了制造商给予销售员长期努力激励的顾客满意激励模型和仅有零售商给予销售员激励的传统激励模型，在对称信息和信息不对称两种信息状态下，给出四种激励模型下的均衡解，并进行对比分析。

1.2 研究方法与研究结构

1.2.1 研究方法

（1）文献研究方法。

文献梳理与分析是了解相关理论、方法与成果的起点，也是选择研究主题和研究设计的基础性工作。通过阅读、分析和归纳文献，可以了解销售员激励和供应链协同的基本现状及销售员激励对供应链绩效影响的研究现状，在此基础上，构建销售员协同激励的理论分析模型。

（2）理论建模研究。

在对大量文献充分分析之后，本书构建了不同供应链结构下销售员的激励模型，采用博弈论、委托代理理论和非线性规划为理论工具进行求解，并对相关结论进行了严格的推理论证。

（3）数值模拟。

鉴于模型中得出的理论结果中的烦琐数学表达式，难以获得直观结论。基于文献中的参数设计规则，利用 Matlab 软件进行数值模拟，给相关结论一个直观认知，同时，也验证理论结论的正确性。

1.2.2 研究结构

本书的章节安排如下：

第 1 章，绪论。首先，对本书的研究背景、研究意义以及应用价值进行详细阐述。其次，对国内外研究现状进行综述，并指出研究中的不足。最后，介绍本书的主要研究内容与创新点，并给出本书的组织结构。

第 2 章，相关理论概述。首先，介绍博弈论的产生及发展、分类、模型及基本概念，介绍对本书建模涉及的完全信息动态博弈和不完全信息动态博弈。其次，介绍信息经济学的背景、概念和分类，重点介绍委托代理理论的产生、发展及三种不同模型。最后，对数学规划中的非线性规划进行阐述。

第 3 章，考虑信息对称性和竞争性的销售员激励模型。在假定市场需求受价格和销售努力的双重影响下，建立信息对称、单一信息不对称和双重信息不对称下的销售员激励模型，求解销售员的底薪、佣金和销售努力水平，分析信息对销售员激励的影响，并对比不同信息状态下制造商和销售员的收益情况。

第 4 章，制造商雇用销售员的补偿激励模型。在研究销售员对供应链的绩效影响时，考虑了制造商—销售员—零售商供应链结构。销售员的作用是促进批发需求。在现实中，有很多行业是这种供应链结构。在制造商—销售员—零售商供应链结构下，建立有销售员促销、无销售员促销两种情形下的博弈模型，分别得出有销售员促销和无销售员促销两种情况下的激励计划、零售价格和订购量，并对两种情况进行对比分析。

第5章，零售商销售员激励模型。本章研究制造商—零售商—销售员供应链结构下，销售员的协同激励对供应链绩效的影响。建立制造商和零售商均给予销售员激励的协同激励模型和仅有零售商给予销售员激励的传统激励模型，分别给出两种激励情形下的契约设计，并对两种情况作对比分析，给出协同激励对销售员补偿合约和供应链绩效的影响。同时，通过 Matlab 进行数值模拟，验证结论的有效性。

第6章，考虑多努力维度的销售员激励模型研究。本章主要研究制造商—零售商—销售员—顾客供应链结构下对销售员的激励。已有文献大多假定销售努力是一维的，而忽略了销售努力效果不同的特性。本章根据努力效果的不同，将销售努力分为两个维度，分别是能够增加现在销量的短期努力，能够提升顾客满意度进而增加将来销量的长期努力。建立制造商给予销售员长期努力激励的顾客满意激励模型和仅有零售商给予销售员激励的传统激励模型，在信息对称和信息不对称两种信息状态下，给出四种激励模型下的均衡解，并作对比分析。

第7章，结论与展望。对全书进行总结，分析研究中的不足之处，并对进一步的研究方向进行展望。

本书的技术路线，如图1-1所示。

问题提出
四种供应链结构下销售员激励问题
文献梳理
理论介绍
模型构建
制造商–销售员（两级）
对称信息
信息不对称
双重信息不对称
信息不对称和竞争
博弈论
委托代理理论数值模拟
制造商–销售员–零售商（三级）
无销售员促销
有销售员促销
委托代理理论非线性规划数值模拟
制造商–零售商–销售员（三级）
传统激励
协同激励
博弈论
委托代理理论非线性规划数值模拟
制造商–零售商–销售员–顾客（四级）
对称信息传统激励
对称信息协同激励
信息不对称传统激励
信息不对称协同激励
博弈论
委托代理理论数值模拟
求解验证
研究结论
主要研究结论
理论贡献与管理启示
研究局限与展望

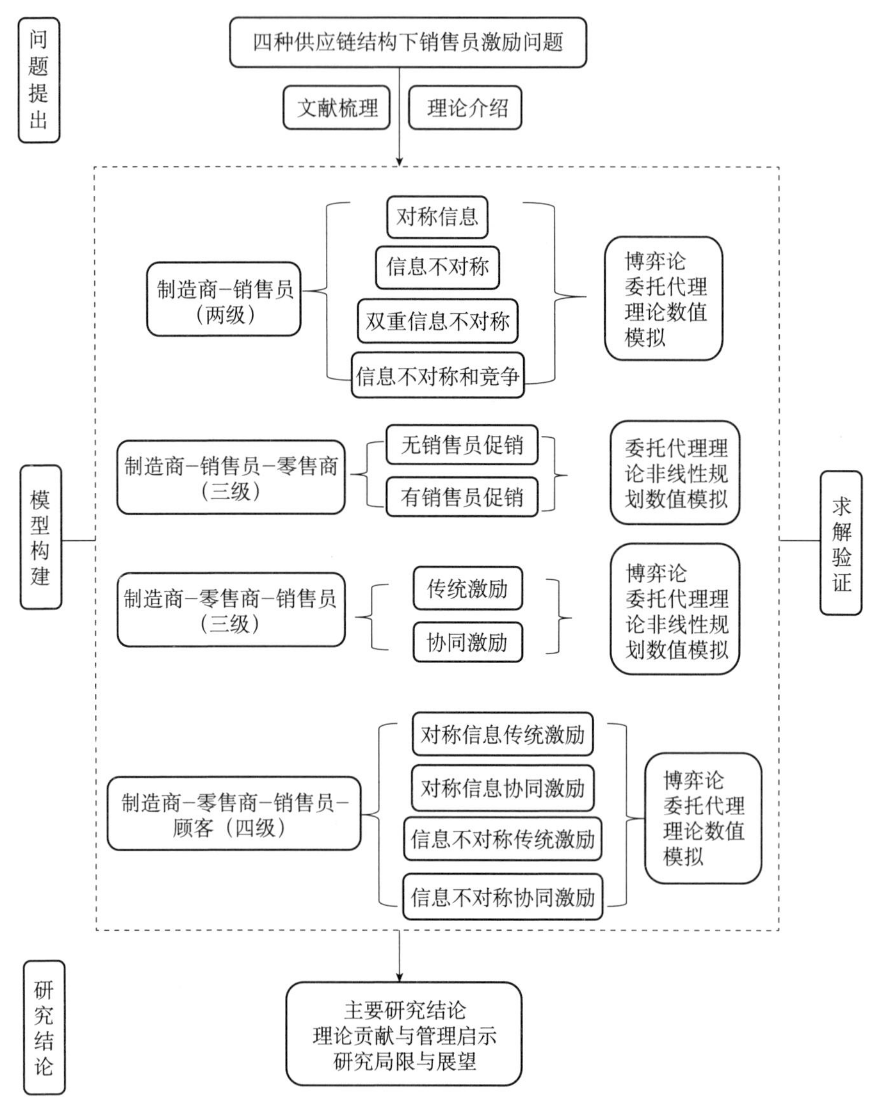

图1－1　技术路线

第2章 相关理论概述

本章为相关的理论基础。首先，探讨并评述博弈论基本知识；其次，介绍信息经济学和委托代理理论；最后，介绍非线性规划的求解方法。

2.1 博弈论

2.1.1 博弈论概述

博弈论（game theory），有时也称为对策论，或者赛局理论，是应用数学的一个分支，目前，在生物学、经济学、国际关系、计算机科学、政治学、军事战略和其他很多学科都有广泛应用，主要研究公式化了的激励结构（游戏或者博弈）间的相互作用，是研究具有斗争性质或竞争性质现象的数学理论和方法，也是运筹学的一个重要学科。

通俗地讲，博弈论是一种“游戏理论”。其准确的定义是：一些个人、团队或其他组织，面对一定的环境条件，在一定规则约束下，依靠所掌握的信息，同时或先后，一次或多次，从各自允许选择的行为或策略中进行选择并加以实施，并从中各自取得相应结果或收益的过程。

一个完整的博弈应当包括三方面内容：（1）博弈的参加者，即博弈过程中独立决策、独立承担后果的个人和组织；（2）博弈方选择的全部行为或策略的集合；（3）博弈方的收益，即各博弈方做出决策选择后的所得和所失。

博弈的分类可以从两个角度进行。

第一个角度，是按照参与人的先后顺序进行分类。从这个角度，博弈可以划分为静态博弈（static game）和动态博弈（dynamic game）。静态博弈是指，博弈中参与人同时选择行动，或虽非同时但后行动者并不知道先行动者采取了什么具体行动；动态博弈是指，参与人的行动有先后顺序，且后行动者能够观察到先行动者所选择的行动。

第二个角度，是按照参与人对其他参与人的特征、策略空间及支付函数知识的了解程度进行分类。从这个角度，博弈可以划分为完全信息博弈和不完全信息博弈。完全信息博弈是指，每一位参与人对其他参与人的特征、策略空间及支付函数有准确的知识。否则，就是不完全信息博弈。

将上述两个角度的划分结合起来，我们得到四种不同类型的博弈，即完全信息静态博弈、完全信息动态博弈、不完全信息静态博弈和不完全信息动态博弈。与上述四种博弈相对应的是四种均衡概念，即纳什均衡（Nash equilibrium）、子博弈精炼纳什均衡（subgame perfect Nash equilibrium）、贝叶斯纳什均衡（Bayesian Nash equilibrium）和精炼贝叶斯纳什均衡（perfect Bayesian Nash equilibrium）。表 2 - 1 概括了四种博弈及对应的四个均衡概念。

表 2 - 1　　博弈的分类及对应的均衡概念

信息	静态	动态
完全信息	完全信息静态博弈 纳什均衡 代表性文献：纳什（Nash，1950，1951）	完全信息动态博弈 子博弈精炼纳什均衡 代表性文献：泽尔腾（Selten，1965）

续表

信息	静态	动态
不完全信息	不完全信息静态博弈 贝叶斯纳什均衡 代表性文献：海萨尼（Harsanyi，1967～1968）	不完全信息动态博弈 精炼贝叶斯纳什均衡 代表性文献：泽尔腾（Selten，1975）、克瑞普斯和威尔逊（Kreps and Wilson，1982）、弗登伯格和泰勒尔（Fudenberg and Tirole，1991）

资料来源：张维迎．博弈论与信息经济学［M］．上海：三联出版社，1996. 第 7 页表 0.1。

2.1.2　完全信息动态博弈

上节介绍了博弈的基本概念和分类，本节介绍完全信息动态博弈。

在静态博弈中，所有参与人同时行动；在动态博弈中，参与人的行动有先后顺序，且后行动者能观测到先行动者的行动。泽尔腾引入“子博弈精炼纳什均衡”概念的目的，是将那些包含不可置信威胁战略的纳什均衡从纳什均衡中剔除，从而给出动态博弈结果的一个合理预测。简单地说，子博弈精炼纳什均衡要求均衡战略的行为规则在每一个信息集上都是最优的。

为了给出子博弈精炼纳什均衡的定义，我们先给出子博弈的概念。子博弈是原博弈的一部分，它本身可以作为一个独立的博弈进行分析。具体定义如下：

定义 2.1：一个扩展式表述博弈的子博弈 G 由一个决策结 x 和所有该决策结构的后续结 T(x) 组成，它满足下列条件：

(1) x 是一个单结信息集，即 $h(x) = \{x\}$；

(2) 对于所有的 $x^1 \in T(x)$，如果 $x'' \in h(x^1)$，那么，$x'' \in T(x)$。

有了子博弈的概念，下面，给出“子博弈精炼纳什均衡”的定义。

定义 2.2：扩展式表述博弈的战略组合 $s^* = (s_1^*, \cdots, s_i^*, \cdots, s_n^*)$ 是一

个子博弈精炼纳什均衡，如果：

（1）它是原博弈的纳什均衡；

（2）在每一个子博弈上给出纳什均衡。

简单地说，一个战略组合是子博弈精炼纳什均衡，当且仅当，它在每一个子博弈（包括原博弈）上都构成一个纳什均衡。如果整个博弈是唯一的子博弈，纳什均衡与子博弈纳什均衡是相同的；如果有其他的子博弈存在，有些纳什均衡可能不构成子博弈纳什均衡。

对于有限完美信息博弈，逆向归纳法是求解子博弈精炼纳什均衡的最简便方法。为了求解子博弈精炼纳什均衡，我们从最后一个子博弈开始。

给定博弈达到最后一个决策结，该决策结上行动的参与人有一个最优选择，这个最优选择就是该决策结开始的子博弈的纳什均衡。然后，我们倒回到倒数第二个决策结，找出倒数第二个决策者的最优选择，这个最优选择与我们在第一步找出的最后决策者的最优选择构成从倒数第二个决策结开始的子博弈的一个纳什均衡。如此不断直到初始结，每一步都得到对应子博弈的一个纳什均衡，并且，这个纳什均衡一定是该子博弈的所有子博弈的纳什均衡，在这个过程的最后一步得到的整个博弈的纳什均衡就是这个博弈的子博弈精炼纳什均衡。

对上述逆向归纳法作如下形式化。为简单起见，假设博弈有两个阶段，第一阶段参与人 1 行动，第二阶段参与人 2 行动，并且，参与人 2 在行动前观测到参与人 1 的选择。令 A_1 是参与人 1 的行动空间，A_2 是参与人 2 的行动空间。当博弈进入第二阶段，给定参与人 1 在第一阶段的选择 $a_1 \in A_1$，参与人 2 面临的问题是：

$$\max_{a_2 \in A_2} u_2(a_1, a_2)$$

显然，参与人 2 的最优选择 a_2^* 依赖于参与人 1 的选择 a_1。我们用

$a_2^* = R_2(a_1)$ 代表上述最优化问题的解。因为参与人 1 应该预测到参与人 2 在博弈的第二阶段将按 $a_2^* = R_2(a_1)$ 的规则行动，参与人 1 在第一阶段面临的问题是：

$$\max_{a_1 \in A_1} u_1(a_1, R_2(a_1))$$

令上述问题的最优解为 a_1^*。那么，这个博弈的子博弈精炼纳什均衡为 $(a_1^*, R_2(a_1))$，均衡结果为 $(a_1^*, R_2(a_1^*))$。$(a_1^*, R_2(a_1))$ 是一个精炼均衡，因为 $a_2^* = R_2(a_1)$ 在博弈的第二阶段是最优的。除 $a_2^* = R_2(a_1)$ 之外，其他任何行为规则都不满足精炼均衡的要求。

2.1.3　不完全信息动态博弈

在 2.1.2 中介绍了完全信息动态博弈，本节介绍不完全信息动态博弈。

在不完全信息动态博弈中，“自然”首先选择参与人的类型，参与人自己知道，其他参与人不知道；在自然选择之后，参与人开始行动，参与人的行动有先后，后行动者能观测到先行动者的行动，但不能观测到先行动者的类型。但是，因为参与人的行动是类型依存的，每个参与人的行动都传递着有关自己类型的信息，后行动者可以通过观察先行动者所选择的行动来推断其类型或修正对其类型的先验信念，然后，选择自己的最优行动。先行动者预测到自己的行动将被后行动者利用，就会设法选择对自己最有利的信息，避免传递对自己不利的信息。因此，博弈过程不仅是参与人选择行动的过程，而且是参与人不断修正信念的过程。下面，给出精炼贝叶斯均衡定义：

定义 2.3：精炼贝叶斯均衡是一个战略组合 $s^*(\theta) = (s_1^*(\theta_1), \cdots, s_n^*(\theta_n))$ 和一个后验概率组合 $\tilde{p} = (\tilde{p}_1, \cdots, \tilde{p}_n)$，满足：

(P) 对于所有参与人 i，在每一个信息集 h，

$$s_i^*(s_{-i},\theta_i) \in \underset{s_i}{\operatorname{argmax}} \sum_{\theta_{-i}} \tilde{p}_i(\theta_{-i} \mid a_{-i}^h) u_i(s_i,s_{-i},\theta_i)$$

(B) $\tilde{p}_i(\theta_{-i} \mid a_{-i}^h)$ 是使用贝叶斯法则从先验概率 $p_i(\theta_{-i} \mid \theta_i)$、观测到的 a_{-i}^h 和最优战略 $s_{-i}^*(\cdot)$ 得到的。

在上述定义中，(P) 是精炼条件，即给定其他参与人的战略 $s_{-i} = (s_1,\cdots,s_{i-1},s_{i+1},\cdots,s_n)$ 和参与人 i 的后验概率 $\tilde{p}_i(\theta_{-i} \mid a_{-i}^h)$，每个参与人 i 的战略在所有信息集 h 开始的后续博弈上都是最优的。(B) 对应的是贝叶斯法则的运用。

精炼贝叶斯均衡是一个对应的不动点，后验概率依赖于战略，战略依赖于后验概率，因此，完全信息博弈中的逆向归纳法求解精炼均衡的办法在不完全信息博弈中并不适用，必须使用前向法进行贝叶斯修正。

2.2 信息经济学

信息经济学是非对称信息博弈论在经济学上的应用。这里的非对称信息（asymmetric information）是指，某些参与人拥有另一些参与人不拥有的信息。信息经济学研究什么是非对称信息情况下的最优交易契约，故又称契约理论，或机制设计理论。

信息的非对称性可以从两个角度划分：一是非对称发生的时间；二是非对称信息的内容。从非对称发生的时间看，非对称可能发生在当事人签约之前，也可能发生在签约之后，分别称为事前非对称和事后非对称。研究事前非对称信息博弈的模型称为逆向选择（adverse selection）模型，研究事后非对称信息博弈的模型称为道德风险（moral hazard）模型。从非对称信息的内容看，非对称信息可能指某些参与人的行动，也可能指某些参与人的知识。研究不可观测行为的模型称为隐藏行动模型，研

究不可观测知识的模型称为隐藏知识模型或隐藏信息模型，表 2 – 2 概括了信息经济学不同模型的基本分类。

表 2 – 2　信息经济学的基本分类

项目	隐藏行动	隐藏信息
事前		3. 逆向选择模型 4. 信号传递模型 5. 信息甄别模型
事后	1. 隐藏行动的道德风险模型	2. 隐藏信息的道德风险模型

资料来源：张维迎．博弈论与信息经济学［M］．上海：三联出版社，1996，第 236 页表 5.1。

在信息经济学文献中，常常将博弈中拥有私人信息的参与人称为“代理人”，不拥有私人信息的参与人称为“委托人”。据此，信息经济学的所有模型都可以在委托人—代理人的框架下分析，下节给出委托代理理论的概述。

2.3　委托代理理论

委托代理关系是这样一种情形：委托人与代理人签订一个契约，由代理人代表委托人来行事。在行事过程中，代理人可以选择自己的行动，这一行动导致相应的结果，而该结果不仅会影响委托人的利益而且会影响代理人的利益。当然，这仅是从法学角度对委托代理关系所做的描述。在经济学中，更强调委托代理关系：即委托人和代理人之间存在信息不对称性。掌握信息优势的一方称为代理人，处于信息劣势的一方称为委托人。

经典的委托代理理论是由伯利和加德纳（Berle and Gardnier，1932）提出的。该文献看到在大公司中所有权和控制权相分离这一事实，于是，对传统的股东权益理论提出质疑，并试图探讨这种分离是否存在组织的、公共政策的后果。该文献提出的问题，后来被称作“伯利—米恩斯之谜”。该问题是由两权分离带来的代理成本问题，即作为委托人的股东怎样才能以最小代价，使得作为代理人的经营者愿意为委托人的目标和利益而努力工作，成为委托代理问题共同研究的中心问题。

麦克海尔尼恩（Mcihaellneesn，1983）在《组织理论和方法论》（Organization theory and methodology）中，将代理理论分为两类，一类是正式的规范理论，这种方法由斯宾塞、泽克豪森及罗斯最早给出。该方法追求特定形式的契约设计的数学模型，从效用函数、不确定性信息的分布和报酬安排出发，构造风险适当分担的契约关系。让我们用 A 表示代理人所有可选择行动的组合，$a \in A$ 表示代理人的一个特定行动。在许多模型中，行动 a 被简单地假定为代表工作努力水平的一维变量，从理论上讲，行动 a 可以是任何维度的决策向量。比如说，如果 $a = (a_1, a_2)$，一种可能的解释是，a_1 表示代理人花在数量上的工作时间，a_2 表示代理人花在质量上的工作时间。在本章中，我们假设 a 是代表努力水平的一维变量。令 θ 是不受代理人（和委托人）控制的外生随机变量，Θ 是 θ 的取值范围，θ 在 Θ 上的分布函数和密度函数分别为 $G(\theta)$ 和 $g(\theta)$。在代理人选择行动 a 后，外生变量 θ 实现。a 和 θ 共同决定一个可观测的结果 $x(a, \theta)$ 和一个货币收入 $\pi(a,\theta)$，其中，$\pi(a,\theta)$ 一般为委托人的收益函数。委托人的问题是设计一个激励合同 $s(x)$，根据观测到的 x 对代理人进行奖惩。我们要分析的是 $s(x)$ 具有什么特征。

我们一般假定委托人和代理人的期望效用函数分别为 $v(\pi - s(x))$ 和 $u(s(\pi) - c(a))$，其中，$v' > 0$，$v'' \leqslant 0$；$u' > 0$，$u'' \leqslant 0$；$c' > 0$，$c'' > 0$。即委托人和代理人都是风险规避者或者风险中性者，努力的边际负效用是递增的。委托人和代理人的利益冲突先来自假设 $\partial \pi / \partial a > 0$ 和 $c' > 0$。$\partial \pi / \partial a > 0$ 意味着，委托人希望代理人多努力，而 $c' > 0$ 意味着，代理人希望少努力。因此，除非委托人希望代理人多努力，否则，代理人不会如委托人希望的那样努力工作。

委托人的期望效用函数可以表示为：

$$(P)\ \int v(\pi(a,\theta) - s(x(a,\theta)))g(\theta)d\theta$$

委托人的问题就是选择 a 和 s(x)，最大化上述期望效用函数。此时，委托人面临来自代理人的两个约束。

第一个约束是参与约束（participation constraint），即代理人从合同中得到的期望效用不能低于保留效用，用 u_0 表示。参与约束又称个人理性约束（individual rationality constraint），可以表示为：

$$(IR)\ \int u(s(x(a,\theta)))g(\theta)d\theta - c(a) \geqslant u_0$$

第二个约束为激励相容约束（incentive compatibility constraint），给定委托人不能观测到代理人的行动 a 和自然状态 θ，在任何激励合同下，代理人总是选择使自己的期望效用最大化的行动 a，任何委托人希望的行动 a 都只能通过代理人的效用最大化实现。激励相容约束的数学表述为：

$$(IC)\ \int u(s(x(a,\theta)))g(\theta)d\theta - c(a) \geqslant \int u(s(x(a',\theta)))g(\theta)d\theta - c(a'),\ \forall a' \in A$$

则委托人的问题是选择 a 和 s(x) 最大化上述期望效用函数（P），满足约束条件（IR）和约束条件（IC），即：

$$\max_{a,s(x)} \int v(\pi(a,\theta) - s(x(a,\theta)))g(\theta)d\theta$$

$$s.t.\ (IR)\ \int u(s(x(a,\theta)))g(\theta)d\theta - c(a) \geqslant u_0$$

$$(IC)\ \begin{aligned} &\int u(s(x(a,\theta)))g(\theta)d\theta - c(a) \\ &\geqslant \int u(s(x(a',\theta)))g(\theta)d\theta - c(a'),\ \forall a' \in A \end{aligned}$$

以上模型化方法，被称为“状态空间模型化方法”。

另一类是非正式的实证性理论，以詹森和麦克林（Jensen and Mechling，1976）发表在《财务经济学杂志》（Journal of Financial Economics）上的论文《企业理论：经理行为、代理成本和所有权结构》（Enterprise theory：manager behavior，agency cost and ownership structure）为最初的代表。实证理论假定上述规范问题已经解决，而着重研究表明委托人和代理人间关系的均衡契约形式的决定因素和双方面临的激励问题。其侧重点是寻找以最小的代理成本构造可观察的契约关系的方法。这样做，虽然在某种程度上牺牲了分析精度，但为分析复杂的实际组织和财务结构提供了可能性。

实证代理理论，又称代理成本理论，由詹森和麦克林（Jensen and Mecking，1976）开创。该文献注意到，由于“企业内部所有者和高层管理者之间的契约安排所产生的企业管理人员不是企业完全所有者的事实”，其努力程度具有不完全性，从而导致在这种情况下公司价值低于完全所有者时的价值，产生代理成本，包括委托人监督支出、代理人保证支出和剩余损失三部分。詹森和麦卡林用这一分析框架来解释厂商的所有权结构或资本结构，认为代理成本是企业所有权结构的决定因素。詹森和麦卡林认为，必须建立完善的代理人激励约束机制，来减少代理成本。阿尔钦和德姆塞茨（Alchian and Demsetz，1972）提出团队生产理论，认为企业是一种典型的团队生产，因为企业中有两个以上具有共同目标的成员。所有成员协作生产，且会对其他成员产生影响。团队生产结果具有不可分性，无法精确地按照每个成员的贡献支付报酬，因此，在团队生产中要绝对地消除偷懒行为是不现实的。为了减少偷懒行为，团队生产就需要一个监督者，并允许其拥有企业的剩余权益和合同修改权，使其具有监督的积极性。

罗斯（Ross，1993）提出了委托人—代理人（principal-agent）的概念。委托人—代理人理论，是由信息经济学的一个分支——非对称条件下的经济分析发展起来的。它集中研究“如何设计一个补偿系统（激励契约）来驱动另一个人（代理人）为委托人的利益行动”。在委托人—代理人理论中，委托人—代理人关系泛指任何一种涉及非对称信息的交易，而在交易中具有信息优势的一方称为代理人，另一方称为委托人。因此，该理论认为，从一般意义上讲，委托代理理论产生的原因就是因为委托人和代理人之间的利益不一致和信息不对称。委托人—代理人理论有一个较为严格的数学模型，以此来研究非对称信息下的激励模型和监督约束机制。莫里斯和霍姆斯特姆开始使用“分布函数的参数化方法”。米尔利斯（Mirrles，2011）的三篇论文，奠定了委托人—代理人理论的基本分析框架。米尔利斯开创的分析框架又由霍姆斯特姆（Holmsrtom，1979）等进一步发展，在委托代理文献中，被称为莫里斯—霍姆斯特姆方法（Mirrlees-Holmstorm approach）。该种方法将自然状态 θ 的分布函数转换成结果为 x 和 π 的分布函数，这个新的分布函数通过 $x(a,\theta)$ 和 $\pi(a,\theta)$ 从原分布函数 $G(\theta)$ 导出。用 $F(x,\pi,a)$ 代表所导出的分布函数、用 $f(x,\pi,\alpha)$ 代表对应的密度函数。委托人的问题可以表述如下：

$$\max_{a,s(x)}\int v(\pi - s(x))f(x,\pi,a)dx$$

$$\text{s.t.}\quad (IR)\ \int u(s(x))f(x,\pi,a)dx - c(a) \geqslant u_0$$

$$(IC)\quad \begin{aligned}&\int u(s(x))f(x,\pi,a)dx - c(a)\\ &\geqslant \int u(s(x))f(x,\pi,a')dx - c(a'),\ \forall a' \in A\end{aligned}$$

委托人—代理人理论需要以下理论假设。

第一，委托人和代理人具有理性的行为能力，并且，能为自身利益而积极行动。委托人、代理人都有通过签订契约取得分工效果的动机，并有权衡得失、签订代理契约的能力，这是形成委托代理关系的必要条件。

第二，委托人和代理人目标不一致。因为两者都是独立的经济人，都追求自身利益目标的最大化。

第三，委托人与代理人之间存在信息不对称性。它来源于委托人对代理人的行为（努力程度大小、机会主义有无等）和条件禀赋（能力强弱、风险大小、对风险的态度等）的观察和监督存在很大困难。

第四，委托代理的结果存在不确定性，代理人的结果受多种不确定性环境因素影响。譬如，影响产品销售量的因素除了零售商的努力之外，还有顾客的消费习惯、经济环境等诸多不确定性因素。

由于委托人与代理人的目标函数不一致，且存在信息不对称性，故代理人可以利用委托人不了解的私有信息去损害委托人的利益。又由于不确定性因素的存在，委托人难以从代理人行为的结果去监督。如果零售商的销售业绩不好，供应商很难判断是因为零售商的原因还是其他因素造成的。这样，势必造成委托代理关系中的无效率现象。无效率具体表现为道德风险和逆向选择。道德风险是指，代理人利用信息优势，通过减少要素投入或采取机会主义达到自我效用的最大化，从而影响组织效率的道德因素。逆向选择是指，委托人无法识别潜在的代理人的条件禀赋时，越是劣质的潜在代理人越容易成为现实的代理人，最终导致劣者驱逐良者。

道德风险（moral hazard）是指，委托人和代理人在签订契约之后，由于委托人不能观察代理人的行为，或观察成本过高，代理人采取不利于委托人利益的行为。供应链中的委托代理问题，具有逆向选择和道德风险并存的特征。委托人通过代理人销售其新产品，委托人拥有产品需求的私有信息，代理人通过销售努力可以影响产品的需求，而这种努力程度对于委托人来说是不可观察的。假设委托人和代理人都是风险中性的，但是，在此双边信息不对称的情况下如何设计合同。

委托代理理论的第三种模型化方法为一般化分布方法，将分布函数当作选择变量。令 p 为 x 和 π 的一个密度函数，P 为所有可选择的密度函数的集合，c(p) 为 p 的成本函数，则委托人的问题为：

$$\max_{p \in P, s(x)} \int v(\pi - s(x)) P(x, \pi) dx$$

$$\text{s.t.} \quad (\text{IR}) \int u(s(x)) p(x, \pi) dx - c(p) \geqslant u_0$$

$$(\text{IC}) \quad \begin{aligned} & \int u(s(x)) p(x, \pi) dx - c(p) \\ & \geqslant \int u(s(x)) \tilde{p}(x, \pi) dx - c(\tilde{p}), \forall \tilde{p} \in P \end{aligned}$$

在上述表述中，关于行动和成本的经济学解释消失了，我们得到非常简练的一般化模型，该模型中包含隐藏信息模型。

在委托代理的三种模型化方法中，参数化方法为标准方法。下面，介绍一下代理人的效用函数。

代理人的效用函数一般假设为 $\mu(x) = -e^{-rx}$。其中，r 为当事人的风险规避程度。若 $r = 0$，则说明当事人是风险中性的；$r > 0$，说明当事人是风险厌恶的；$r < 0$，说明当事人是风险喜好的。x 为代理人的货币收入，服从正态分布，且均值为 τ，方差为 σ^2。则可以证明，$EU = \int_{-\infty}^{+\infty} -e^{-rx} \frac{1}{\sqrt{2\pi}} e^{-\frac{(x-a)2}{2\sigma 2}} dx = -e^{-r\left| a - \frac{r\sigma 2}{2} \right|}$

根据确定性等值 CE（certainty equivalent）的定义 $EU = \mu(CE)$，可得 $-e^{-r(CE)} = -e^{-r(\tau - \frac{r\sigma 2}{2})}$，则有：

$$CE = \tau - \frac{r\sigma^2}{2}$$

上式说明：若当事人的效用函数为 $\mu(x) = -e^{-rx}, r > 0$，即使某项投资的期望收益为 τ，他仍认为该投资的确定性等值为 $\tau - \frac{r\sigma^2}{2}$，小于期望收益。其中，$\frac{r\sigma^2}{2}$ 为风险成本，即在期望收益中放弃 $\frac{r\sigma^2}{2}$ 的收入，以换取其确定性收益。

2.4 非线性规划

在科学管理和其他领域，很多实际问题可以归结为线性规划问题，其目标函数和约束条件都是自变量的一次函数。但是，还有另外一些问题，其目标函数和约束条件很难用线性函数表达。如果目标函数或约束条件含有非线性函数，就称这种规划问题为非线性规划问题。解这种问题，要用非线性规划方法。由于很多实际问题要求进一步精确化及计算机技术的发展，使非线性规划在近几十年来得以长足发展。目前，它已成为运筹学的重要分支之一，并在最优设计、管理科学、系统控制等许多领域得到越来越广泛的应用。

一般来说，由于非线性函数的复杂性，解非线性规划问题要比解线性规划问题困难得多。而且，也不像线性规划有单纯形等通用方法，非线性规划目前还没有适于各种问题的一般算法，各种方法都有特定的适用范围。这里，我们主要介绍有约束极值问题。

在实际工作中遇到的大多数极值问题，其变量取值受到一定限制，这种限制由约束条件来体现，带有约束条件的极值问题成为约束极值问题，也称规划问题。非线性规划的一般形式为：

$$\begin{cases} \min f(X), X \in R \subset E^n \\ R = \{X \mid g_j(X) \geqslant 0, j = 1, 2, \cdots, l\} \end{cases}$$

求解约束极值问题比求解无约束极值问题困难得多。对有约束的极小化问题来说，除了要使目标函数每次迭代有所下降之外，还要时刻注意解的可行性问题。为了实际求解并简化其优化工作，通常将约束问题化为无约束问题，将非线性规划问题化为线性规划问题。

库恩—塔克条件是非线性规划领域中最重要的理论成果之一，是确定某点为最优点的必要条件。但一般它并不是充分条件，因而满足这个条件的点不一定就是最优点（对于凸规划，它既是最优点存在的必要条件，同时也是充分条件）。现将库恩—塔克条件叙述如下：

设 X^* 是非线性规划的极小点，而且，在 X^* 点的各起作用约束的梯度线性无关，则存在向量 $\gamma^* = (\gamma_1^*, \gamma_2^*, \cdots, \gamma_l^*)^T$，使下述条件成立：

$$\begin{cases} \nabla f(X^*) - \sum_{j=1}^{l} \gamma_j^* \nabla g_j(X^*) = 0 \\ \gamma_j^* g_j(X^*) = 0, \quad j = 1, 2, \cdots, l \\ \gamma_j^* \geqslant 0, \quad j = 1, 2, \cdots, l \end{cases}$$

上述条件简称为 K－T 条件，满足这个条件的点称为库恩—塔克点。

2.5　国内外研究综述

根据研究的问题，本节对所涉及的相关文献进行综述。具体而言，首先，对供应链协同进行全面综述和剖析，总结研究热点和研究前沿。其次，介绍销售员激励相关研究。最后，对供应链协同和销售员激励的研究进行评述，指出研究的切入点，为全书提供理论支持。

2.5.1　供应链研究综述

供应链管理是在 20 世纪 80 年代末被提出的，并随着经营的国际化发展，在制造业管理中得到普遍应用。一些著名的企业，如 IBM 等，采用基于供应链管理的企业管理模式，取得了巨大成功。其基本思想是，将整条供应链上的所有企业当作合作伙伴，作为一个系统进行集成管理，以实现跨越组织流程的重组。通过供应链上企业的合作与分工，使供应链上物流、信息流、资金流趋于合理与优化，使供应链系统成本最优化并最大限度地满足顾客需求，从而提高整个供应链的竞争能力。学术界对供应链的典型定义为，供应链是围绕核心企业，通过对信息流、物流、资金流的控制，从采购原材料开始，制成中间产品以及最终产品，最后，由销售网络把产品送到消费者手中的将供应商、制造商、分销商、零售商直到最终用户连成一个整体的功能网链结构模式。它不仅是一条连接供应商到用户的物料链、信息链、资金链，而且是一条增值链，物料在供应链上因加工、包装、运输等过程而增加其价值，给相关企业都带来收益。

关于供应链管理的概念，从不同的视角有不同的理解，但是，对供应链管理的核心和精髓理解基本是一致的。即，以客户需求为前提，通过供应链内各企业间的紧密合作，有效地为客户创造更多附加价值；对从原材料供应商、中间生产过程直到销售网络的各个环节进行协调；对企业实体、信息及资金的双向流动进行协调与管理；强调对客户需求的响应速度及集成，并提高供应链中各个企业实时信息的可见度，以达到提高整体效率的目的。

与传统的计划模式与控制模式相比，供应链的计划与控制具有以下特点：

（1）信息来源多样性。

在供应链环境下，生产计划和控制信息不仅来自企业内部，还来源于供应商、分销商和最终用户。

（2）分布性。

传统的生产计划和控制决策模式是一种集中式决策，而供应链上的各成员通过各自所拥有的决策权和私有信息来独立优化自身目标，同时，各成员的决策相互影响，是分布式的群体决策模式。

（3）并行性。

传统的企业生产计划和控制的信息反馈机制是一种递阶、链式反馈机制，而供应链管理强化了供应链中各企业活动之间的联系，使得离散的活动成为供应链上的有机环节。为了做到供应链的协调运作，供应链生产计划和控制必须采用并行化信息传递模式。

（4）不确定性。

复杂多变的市场环境增加了企业生产计划运行的不确定性和动态性，供应链生产计划与控制必须考虑不确定性因素和动态性因素，使生产计划具有更好的柔性和敏捷性，从而使企业能及时应对市场变化。

供应链管理思想对企业管理最大的影响，是对企业现行生产计划与控制模式的挑战。供应链管理是一种先进的管理理念，其先进性体现在以顾客为经营导向，以满足顾客的最终期望为目的来生产、供应产品。与传统的管理方法相比，供应链管理的特点有如下四点。

（1）以客户为中心。

无论构成供应链节点的企业数量、类型有多少，供应链的形成都是以客户和最终消费者的满意为最高目标，通过降低供应链成本，实现对顾客的快速反应，以此提高顾客满意度。而且，也只有让顾客的需求得到满足，才能使供应链具有竞争优势。

（2）跨企业的贸易伙伴之间密切合作、共享利益和共担风险。

企业意识到，要想参与市场竞争、提高自身运营效率，不能仅仅依靠自己的资源，还要通过与供应链上的各参与者进行跨部门、跨职能和跨企业合作，建立共同利益的合作伙伴关系，建立双赢关系，实现信息共享、风险共担、利益共存。

（3）集成化的管理模式。

供应链管理的关键是采用集成化的思想和方法，应用网络技术和信息技术，重新组织和安排业务流程，提高服务水平。集成化的管理模式注重企业之间的合作，能够把不同企业集成起来以增加整个供应链的效率，从而达到全局最优。

（4）供应链管理是对物流的一体化管理。

供应链管理覆盖了整个物流，从原材料和零部件的采购与供应、产品制造、运输与仓储到销售等各种职能领域。它要求不同部门或不同企业之间通过物流合作，达到提高物流效率、降低物流成本的目的，真正实现一体化的有效管理。

供应链管理是对供应链中各节点企业之间的物流、信息流与资金流进行计划、协调和控制。众所周知，雇员在企业中发挥着重要的作用，然而，现有的供应链管理却忽视了供应链中“人流”的研究。

随着科技的飞速进步和经济的不断发展，企业所处的环境和面临的竞争也在不断发生变化，企业仅靠自身的资源很难应对激烈的市场竞争和多样化的市场需求。供应链的节点企业之间已不再是简单的业务往来，而是在利益共享基础上形成了协同合作关系，市场竞争也由原来的企业之间的竞争转变为企业所在的供应链之间的竞争。因此，以提高整个供应链绩效为目标的供应链协同（supply chain collaboration，SCC），成为业界新的管理理念和管理哲学。下面，给出供应链协同研究的文献综述。

2.5.2 供应链协同研究综述

供应链协同起源于20世纪80年代，1980年，美国俄亥俄州辛辛那提市的日用品制造商宝洁（Proctor & Gamble，P&G）接到密苏里州圣路易市一家超级市场的要求，说能不能自动补充架子上的帮宝适（Pamper）牌尿布，不必每次再经过订货的手续，只要架子上一卖完，新货就到，可以每月付一张货款的支票。P&G的经理杜安·威克斯（Duane Weeks）经过筹划，把两家公司的计算机连起来，做出一个自动补充纸尿布的刍型系统，结果试用良好，两家公司不必再为尿布发愁了。由此，自动化的供应链管理应运而生。

供应链管理打破了企业启动边界，将供应链上的各个信息孤岛连接在一起，形成完整的业务链，供应链协同则加强了企业间的合作关系，建立了企业间一种双赢的业务联盟，以共同追求利润最大化。

本节运用文献计量分析，对供应链协同相关领域进行综述。本书采用的主要应用软件是 CiteSpace Ⅲ，它是美籍华人教授陈超美开发的一种对知识进行可视化分析的计量软件，即以 Java 语言为架构，基于共被引分析和共现分析等方法，可以绘制引文和共词网络的一种可视化计量软件，从而可以分析和处理共被引和共词的分时演化网络，以及整体融合网络的路径问题。同时，能以聚类（cluster）和时区（time-zone）两个视角，对共被引网络以及共词网络进行可视化的形象展示。除此之外，CiteSpace Ⅲ还提供通过共被引文献来发现某一研究领域的知识基础和前沿节点，以及能够借助施引文献中主题词、作者/关键词所出现的频次、共有信息以及利用有关具体的算法，分析并揭示某一学科或理论研究领域的研究前沿及其演进趋势。在 CiteSpace Ⅲ所生成的引文网络图谱中，引文（节点）的被引频次与被引年代将由不同大小和不同颜色的圆环所组成的引文年轮来表征，而节点之间的共被引年代则用不同颜色的连线来表征。不仅如此，该软件还可以呈现出各种合作网络，如机构、作者、国家（地区）以及学科分类等之间所具有的联系网络。

本节文献分析所使用的数据来源于 Web of Science 核心合集数据库，检索条件为：以“supply chain” AND“collaboration ＊”为主题词进行检索，时间跨度为所有年份，共检索得到 1148 条文献，检索时间和数据下载截止日期为 2016 年 3 月 18 日。每条查询文献涵盖以下内容：作者、标题、关键词、内容摘要和引文情况。

（1）核心期刊分析。

通过 CiteSpace Ⅲ软件对数据进行共被引分析，得到供应链管理研究的期刊。

供应链管理共被引频次，如表 2－3 所示，其中，最大的节点是 Supply Chain Management-An International Journal，是供应链管理的顶级期刊。

说明这些期刊刊载了一定量供应链管理的研究成果，这些期刊是供应链管理和生产运营的顶级期刊，是供应链管理的重要文献来源，为供应链管理研究提供理论支撑，对供应链管理研究领域的热点和前沿起到导航作用。

表 2－3　　　　供应链协同研究期刊共被引频次

共引频次	期刊
525	供应链管理（Supply Chain Management）
507	国际生产经济学（International Journal of Production Economics）
475	管理科学（Management Science）
465	运营管理（Journal of Operations Management）
429	国际生产管理（International Journal of Production Management）
380	哈佛商业评论（Harvard Business Review）
373	欧洲运筹学（European Operations Research）
358	管理评论（Academic Management Review）
357	国际生产研究（International Journal of Production Research）
325	战略管理（Strategic Management）

（2）重要文献分析。

对学科领域的文献信息可视化分析，能够使研究者直观地辨识出学科前沿的演化路径及学科领域的经典基础文献。通过 CiteSpace Ⅲ 软件对数据进行共被引分析，得到供应链管理研究共被引文献的知识图谱，分别以 Timeline 方式和 Cluster 方式显示。

对供应链管理的知识基础从两方面进行分析，即供应链管理研究的早期奠基性文献、核心文献（高被引文献与高中心性文献），它们构成了供应链管理研究的脉络，形成了坚实的基础。可以看出，通过聚类分析，一共分为 17 个类别，包括质量（quality）、供应链网络结构（supply network structure）、供应链管理（supply management）、跨组织关系（inter-enterprise relationship）、可持续合作（sustainable collaboration）、报价（requests for quotation)、敏感技术（sensible technology)、管理产品引进风险（managing product introduction risk）等。

通过供应链管理研究领域被引文献的分析可知，供应链协同的概念最早是20世纪90年代由托马斯和格里菲（Thomas and Griffi，1996）提出的。尽管供应链协同理论提出时间不长，但对其的研究已经日益引起理论界和企业界的广泛兴趣。目前，对供应链协同并没有一个明确的定义，不同的学者有不同的理解和说明。全球供应链论坛（GSCF）给出的定义为，从原始供应商到终端消费者的提供产品、服务、信息用以增加顾客和其他股东价值的关键的商业过程。西马图庞和斯里德哈兰（Simatupang and Sridharan，2002）认为，供应链协同是指，两个或多个供应链成员通过共享信息、合作决策、分享利润的方式一起运营，以共同创造竞争优势，获得更大利润。道海（Daugheay，2006）等强调组织间或跨企业的供应链协同既注重信息共享、共同发展战略计划、同步运作，以寻求一种垂直整合利益，同时，又不受财务产权负担的约束。我们认为，供应链协同就是对整个供应链中各参与者之间的物流、信息流、资金流与人流（销售员）进行共享或者业务协作，实现所有相关过程的增加值，进而实现共同的战略目标。

从表2-4所示的共引文献列表可以看出，被引频次最高的文献是1998年戴尔·J. H.（Dyer J. H.）发表于《管理评论》（Academy of Management Review）的文章《关系观：合作战略与组织间竞争优势的来源》（The relational view：cooperative strategy and sources of inter-organizational competitive advantage)，主要研究公司之间的关系，识别四个潜在影响组织竞争优势的关系，即关系、知识分享、互补的资源和有效的控制。

表 2-4 共引文献列表

频次	论文题目	来源期刊	文献
108	关系观：合作战略与组织间竞争优势的来源（The relational view: cooperative strategy and sources of inter-organizational competitive advantage）	管理评论（Academy of Management Review）	戴尔和辛格（Dyer and Singh，1998）
95	理解供应链中协作的含义（Understanding the meaning of collaboration in the supply chain）	供应链管理（Supply Chain Management：An International Journal）	巴勒特（Barratt，2004）
89	供应链中的信息失真：牛鞭效应（Information distortion in a supply chain：The bullwhip effect）	管理科学（Management Science）	李和帕德马纳班（Lee and Padmanabhan，1997）
79	从学习研究中构建理论（Building Theories from Study Research）	管理评论（Academy of Management Review）	艾森哈特（Eisenhardt，1989）
74	行为研究中常见的方法偏差：文献综述和推荐的改进方法（Common method biases in behavioral research：a critical review of the literature and recommended remedies）	应用心理学（Journal of Applied Psychology）	波德萨科夫（Podsakoff，2003）
73	用不可观测变量与测量误差评估结构方程模型（Evaluating structural equation models with unobservable variables and measurement error）	营销学研究（Journal of Marketing Research）	福奈尔和拉克尔（Fornell and Larcker，1981）
71	集成弧：供应链战略的国际研究（Arcs of integration：An international study of supply chain strategies）	运营管理（Journal of Operations Management）	弗罗利希和韦斯特布鲁克（Frohlich and Westbrook，2001）
71	企业资源与持续竞争优势（Firm resources and sustained competitive advantage）	管理学（Journal of Management）	巴尼（Barney，1991）
70	邮件调查中无反应偏差估计（Estimating nonresponse bias in mail surveys）	营销学研究（Journal of Marketing Research）	阿姆斯特朗和奥弗顿（Armstrong and Overton，1977）
61	关系营销的承诺信任理论（The commitment-trust theory of relationship marketing）	营销学（Journal of Marketing）	摩根和亨特（Morgan and Hunt，1994）

被引频次较高的文献还有：巴勒特（Barratt，2004）发表于《供应链管理》（Supply Chain Management：An International Journal）上的文章《理解供应链中协作的含义》（Understanding the meaning of collaboration in the supply chain），把企业协同分为企业内部协同、企业外部协同、企业垂直协同和企业水平协同（见图2－1）。企业内部协同是为了企业内的各个职能部门，各个业务流程能够服从于企业的总目标，实现不同部门、不同层次、不同周期的计划和运营体系的协同。如采购、库存、生产、销售及财务间的协同，战略、战术、执行层次的协同，长期规划、中期规划及短期规划间的协同等。顺畅的工作流、信息流，合理的组织结构设计，动态的流程优化思考是实现企业内部协同的有力保障。企业外部协同是指，供应链上的成员在共享需求、库存、产能和销售等信息的基础上，根据供应链的供需情况实时地调整计划和执行交付或获取某种产品和服务的过程，外部协同发生在公司边界的外部，跨越独立的公司。企业垂直协同是指，一种涉及顾客或者供应商的外部协同，水平协同发生在竞争者或者非营利组织之间。许多供应链管理的研究集中于垂直协同。

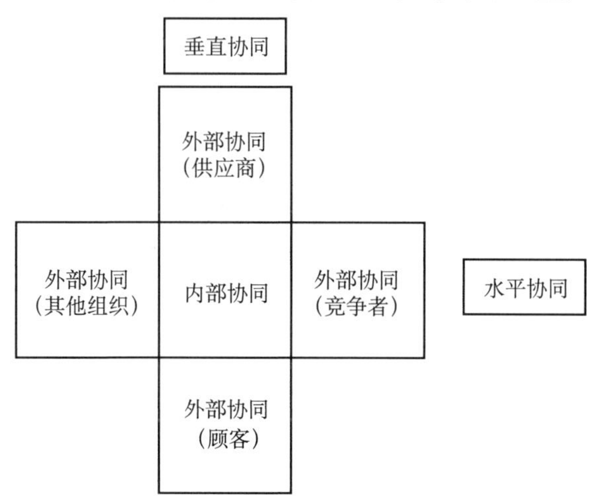

图2－1　协同范围

资料来源：巴勒特（Barratt，2004）。

（3）研究热点分析。

通过 CiteSpace Ⅲ软件对数据进行分析，得到供应链管理领域的研究热点知识图谱，分析整理如表 2 – 5 所示。对 1995 ~2016 年供应链管理领域文章的关键词进行统计，频次最高的是协作（collaboration），达到 353 次。这些关键词表明了供应链管理的研究热点主要集中在对协同、供应链管理和绩效等方面。

表 2 – 5　　　　1995 ~2016 年期刊共被引关键词排名前十名

被引频次	关键词	中心度
353	协作（collaboration）	0.14
300	供应链管理（supply chain management）	0.21
259	绩效（performance）	0.14
258	管理（management）	0.11
217	供应链（supply chain）	0.3
145	整合（integration）	0.08
137	影响（impact）	0.05
131	模型（model）	0.03
115	框架（framework）	0.04
105	信息（information）	0.08

（4）研究前沿分析。

通过 CiteSpace Ⅲ软件对数据进行分析，得到供应链管理领域的研究前沿知识图谱。按照突变率的高低有供应链管理（green supply chain management）、学习（learning）和跨组织（inter-organizational）等膨胀词，说明绿色供应链管理和跨组织是供应链管理的前沿主题。供应链协同是跨组织的一种形式，因而供应链协同是供应链管理的前沿主题。

虽然供应链协同研究已经相当广泛，但是，研究供应链协同中人员管理的却很少见，研究人员激励的文献更是寥寥无几。而供应链协同的许多环节与人的关系又十分密切，因此，研究供应链协同中人员激励问题具有重要的学术价值和理论意义。本书研究的销售员协同激励，即制造商跨越零售商边界对零售商销售人员给予激励，是跨组织（inter-organizational）的研究，正是供应链管理的前沿。

2.5.3　激励研究综述

激励是指，组织通过设计合适的奖惩，激发、引导组织成员的行为，以实现组织及其成员个人目标的系统性活动，被认为是最伟大的管理原理。激励理论是管理心理学的范畴，早期的激励理论包括马斯洛的需求层析理论、赫茨伯格的双因素理论，麦克利兰的成就需要理论。现代激励理论主要从管理学、心理学和组织行为学的角度展开研究，发展出了很多不同的理论，主要可以分为内容型激励理论、过程型激励理论、行为后果型激励理论和综合型激励理论四类。

（1）内容型激励理论。

内容型激励理论是针对激励的原因与起激励作用因素的具体内容展开研究的理论。这种理论着眼于满足人们需要的内容，即，人们需要什么就满足什么，从而激起人们的动机。

最具代表性的马斯洛需要层次理论提出人的需要是有等级的，从最低级的需要逐级向最高级的需要发展。主要分为生理需要、安全需要、归属与爱的需要、尊重需要和自我实现需要。

（2）过程型激励理论。

过程型激励理论重点研究从动机的产生到采取行动的心理过程。主要包括弗鲁姆的期望理论、波特—劳勒的期望激励理论、豪斯的激励力量理论、洛克的目标激励理论和亚当斯的公平理论等。

波特—劳勒期望激励理论指出，并不是设置了激励目标、采取了相应的激励手段，就一定会获得所期望的努力，使员工满意。要形成激励—努力—绩效—奖励—满意，并形成良性循环，取决于组织分工、奖惩制度、奖励内容、考核公正性、组织认同和个人心理预期等多种因素。

（3）行为后果型激励理论。

行为后果型激励理论是以行为后果为对象，研究如何对行为进行后续激励。这一理论包括强化理论和归因理论。强化理论主要探讨人们的需求或心里的想法，认为人们的行为强度会受到结果的影响。因此，可以通过调节某一特定形式的行为导致的结果，来改变该行为出现的频率。员工行为受到某程度的奖励，其努力行为的强度则会增加。因此，人们的个体行为会受到结果的影响，若组织能有效地利用强化理论，则可提升员工努力行为，进而达到改善组织绩效的目的。

（4）综合型激励理论。

综合激励理论的代表学者是美国心理学家和管理学家波特和劳勒，他们于 1968 年提出了综合激励模型。该理论吸收了需要理论、期望理论和公平理论的成果，使其更为全面、更为完善。

在 20 世纪 30 年代，经济学家就对激励问题开始了研究。与管理学中研究人的多种需求激励不同，经济学家以经济人为切入点，以追求利润最大化或效用最大化为目标的视角展开对激励问题的研究。马迪拉和詹姆斯（Martilla and James，1977）研究指出，员工在高激励状态下，其能力可发挥出 80% ~90% 。本书即从经济学视角展开对销售员的激励，下面给出相关研究综述。

2.5.4 销售员激励研究综述

销售员拥有用于决策的市场知识，他们对公司的作用就像人类的眼睛和耳朵一样重要。因此，激励销售人员努力工作，已成为企业重要的管理活动。文献中出现的销售补偿词汇主要有，salesforce、salesperson、 salespeople、salesmen、sales agent 等，无论对销售员还是对销售代理的补偿激励，在文献中研究思路都是相同的。

经济学家、营销和运营学者对销售代理激励问题进行了广泛研究。法利（Farley，1964）第一个从定量优化角度设计最优的佣金率结构。该文献认为，最优的销量补偿计划应该是基于毛利润（gross margins），而不是基于整个销量等同的佣金率。该文是从确定性角度研究的。塔皮耶罗和法利（Tapiero and Farley，1975）考虑了时间元素（temporal），认为销量不仅与销售员当期的销售努力有关，还基于过去的销量绩效。此时，最优佣金率的设置将会发生改变。温伯格（Weinberg，1978）拓展了法利的基本理论，指出当边际成本是常数、基于毛利润（gross margins）给予销售员佣金并且销售员控制价格的情形下，将会自动地使公司利润和销售员自身利润达到最大化。

戈尼克（Gonik，1978）给出一个激励系统，用于激励销售代理分享所拥有的私人信息，促使销售代理努力工作，该系统在 IBM 巴西分部取得了巨大成功。曼特拉和拉曼（Mantrala and Raman，1990）强调代理人对戈尼克设计的体系的反应。随后，经济学家霍尔斯特罗姆和米尔格罗姆（Holmstrom and Milgrom，1987）提供了一种线性契约以激励销售代理提高努力水平。

随着委托代理理论的发展，研究者开始考虑随机销量和风险规避性。营销学者巴苏、拉尔、斯里尼瓦桑和斯塔琳［Basu，Lal，Srinivasan and Staelin（下面简称 BLSS），1985］首次把委托代理理论（principal-agent theory）应用到营销中用以计算销售员的补偿计划。该模型考虑了销售单商品、同质的销售员，指出最优的补偿模型是薪水和佣金的结合。许多学者正是在 BLSS 的基础上展开进一步研究。拉尔和斯塔琳（Lal and Staelin，1986）放松了同质销售员和信息对称性这一假设，得出最优补偿为合约菜单。拉尔和斯里尼瓦桑（Lal and Srinivasan，1993）放松了 BLSS

模型的其他假设，应用该思想分析了当代理多种商品时给予销售员薪水和佣金的比例。拉朱和斯里尼瓦桑（Raju and Srinivasan，1996）考虑了多区域异质性销售员的补偿问题。约瑟夫和蒂瓦兰詹（Joseph and Thevaranjan，1998）对公司的监督活动和销售员激励做了权衡，发现考虑监督的补偿计划吸引更多风险规避的代理人，而激励计划更吸引创业型、冒险（risk-taking）型的代理人。表 2 – 6 给出了销售员激励的主要文献。

表 2 – 6　　主要文献

代表性文献	主要观点与研究结论
巴苏等（Basu et al.，1985）	第一个用委托代理理论建立模型并得出补偿合约，分析了公司利润和销售员努力随销量不确定性和边际成本等参数的变化关系
霍尔斯特罗姆（Holmstrom，1979）	委托代理关系中的道德风险不完美信息的角色分析，指出额外的信息具有重要价值
拉尔和斯里尼瓦桑（Lal and Srinivasan，1993）	应用 Holmstrom-Milgrom 模型研究单商品销售员和多商品销售员的补偿问题
泰勒（Taylor，2002）	考虑线性回扣和目标回扣两种形式的渠道回扣，指出需求不受销售努力影响时不给回扣能够使渠道协调并达到双赢
霍尔斯特罗姆和米尔格罗姆（Holmstrom and Milgrom，1991）	多任务的委托代理问题分析
科赫兰和森（Coughlan and Sen，1989）	研究销售员补偿的理论和管理应用，指出若销售员异质，合约菜单补偿方式比较适合
安德森和奥利弗（Anderson and Oliver，1987）	应用交易成本分析和委托代理理论、组织理论和认知心理学研究控制系统对销售员认知、态度和绩效的影响
拉朱（Raju，1996）	研究多区域销售员激励问题，对比 BLSS 和定额补偿计划，指出当销售员异质时定额补偿计划更有优势

阿尔伯斯（Albers，1996）和丘吉尔（Churchill，1997）等对销售员激励问题给出了很好的总结，主要有以下形式：（1）固定工资，付出销售努力的销售员都会获得；（2）提成佣金，销售员每销售单位产品能得到一定提成，提成佣金是销售员实现销售量的提成总和；（3）奖金，销售员只有达到企业规定的销售数量目标，才能获得相应的奖金。应用最

广泛也是学者们研究最多的是，固定工资与提成佣金的结合。通常采用固定工资与提成佣金的线性合同，虽然线性合同不是最优的，但选择线性合同易于理解和管理，而且，巴苏和卡里亚纳姆（Basu and Kalyanaram，1990）证明采用非线性合同得到的结果与线性合同相差甚微。

有些文献尝试用实证方法来验证相应的理论成果，如威廉森（Williamson，1975）、约翰和韦茨曼（John and Weitz，1989）、安德森和奥利弗（Anderson and Oliver，1987）。约翰和韦茨曼（John and Weitz，1988）发现了代理理论假设与实证研究的矛盾，如风险、不确定性、工作效率和基础销售（base sales）、薪水结构/佣金结构的矛盾。然而，很多研究成功地证实了代理理论结果。如，克拉夫特（Krafft，1996）等、阿尔伯斯（Albers，1996）、约瑟夫和万卡希（Joseph and Kahwani，1998）研究了环境的不确定性对补偿计划的影响，找到了代理理论的支持等。科赫兰和纳拉辛汉（Coughlan and Narasimhan，1992）使用达特尼尔公司来自39 个不同行业的 286 个公司的调查数据，为代理理论的假设找到了支持。拉尔（Lal，1994）等使用了来自一个组织内部的 3 个销售组的销售员的调查数据，结果也强烈地支持代理理论观点。戈德（Godes，2003）考虑了任务复杂性对销售员的销售技巧的影响。科赫兰（Coughlan，1993）和彭德加斯特（Pendergast，1999）给出了销售员激励的综述。阿特金森（Atkinson，1979）第一个把生产库存植入激励合约的设计。波蒂厄斯和黄（Porteus and Whang，1991）考虑了库存对激励合约的影响。陈（Chen，2002，2005，2009）分析了市场需求和销售努力均为私有信息条件下制造商如何设计激励合约，并分析了生产量与激励合约的关系。随后，营销—运营学者在离散和连续两种情形下考虑了库存对销售代理激励的影响，相关文献如张等（Zhang et al.，2006）、希斯和斯瓦米纳坦（Heese and Swaminathan，2010）、杰拉思等（Jerath et al.，2010）。

杰拉思等（Jerath et al.，2010）应用委托代理理论，给出营销经理和运营经理的补偿契约，使双方能协调工作。该文献指出，单纯的收益共享契约无法协调供应链，需要设计两个合同体系才可以实现协调。戴和杰拉思（Dai and Jerath，2013）研究了当实际销量依赖于需求、受限于库存时的销售员补偿问题。研究发现，当不考虑库存时，公司的最优决策，即给销售员较高的奖金；当库存费用较高时，公司为降低库存，仍然会给销售员较高的奖金。戴和赵（Dai and Chao，2013）研究了代理人的风险规避态度为私人信息时，销售代理的激励和库存计划问题。研究指出，公司针对风险规避性大的销售员，应该给予较低的佣金。朱和赖（Chu and Lai，2013）给出了累加和累积两种需求函数形式且需求受限于库存时，销售员补偿合约的设计。萨哈夫阶和赵（Saghafian and Chao，2014）研究了运营决策对销售员激励合约的影响。研究发现，当库存水平较高时，公司应该提供较具吸引力的合约。唐（Tang，2010）、托姆和斯卡瓦德（Thomé and Scavarda，2012）对营销—运营相关研究均做了很好的综述。图 2 -2 给出了传统营销——运营流程，图 2 -3 给出了供应链协同时营销——运营流程。从图 2 -2 中可以看出，营销部门利用市场信息（顾客需求、竞争者的计划）做营销决策，进而得出不同产品的需求预测。营销的目标是提高销量、市场份额。利用这些需求预测，运营部门通过公司或者供应商提供商品满足需求。这可能产生需求与供给不匹配，导致过量库存或因生产不足而致顾客流失。而当营销部门和运营部门内部协同（见图 2 -3），分享预测信息，则供给和需求匹配，以实现利润最大化。

法伊尔（Pfeil，2008）考虑了网络环境下销售代理的激励问题。然而，电子商务情境下销售员激励问题刚刚起步，相关研究都是基于渠道冲突和渠道竞争。

中文文献田厚平（2008）和刘长贤（2009）、陈剑和徐鸿雁（2009）考虑了生产和定价对需求的影响，分析了信息对称、信息不对称两种条

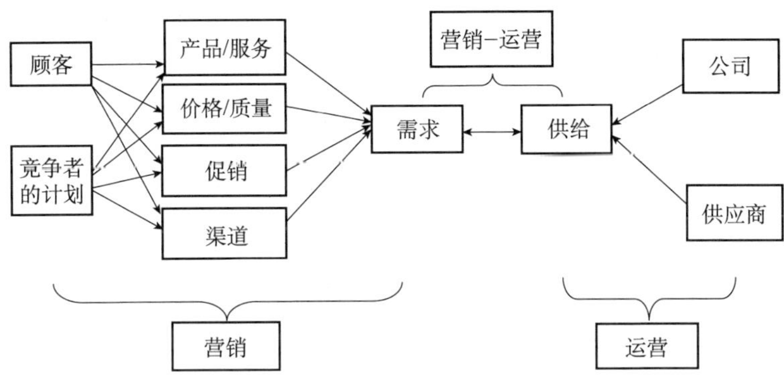

图 2－2　传统营销运营流程

资料来源：笔者根据 Tang C. S. A review of marketing-operations interface models：From co-existence to coordination and collaboration. International Journal of Production Economics，2010，125（1）：24. 图 1 整理而得 .

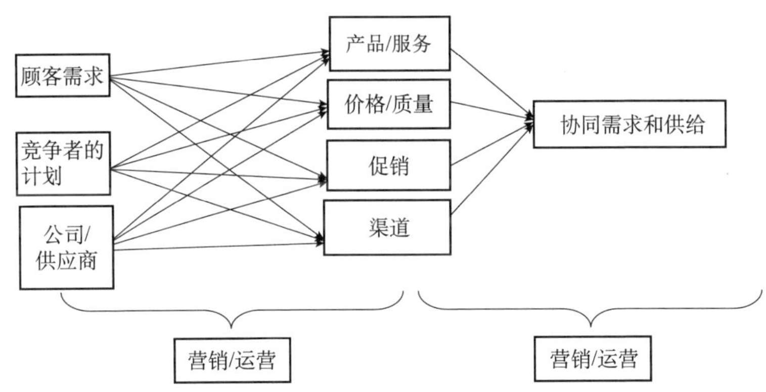

图 2－3　协同营销运营流程

资料来源：笔者根据 Tang C. S. A review of marketing-operations interface models：From co-existence to coordination and collaboration，International Journal of Production Economics，2010，125（1）：25. 图 2 整理而得 .

件下代理商的激励问题。有很多相似的研究，如姬小利（2006）、徐建中（2007）等。

张春平（2008）在其博士论文中从绩效评估机制、薪酬奖励机制和行为导向机制三个方面研究中国保险营销人员激励机制，指出应建立协调长短期利益的佣金制度，建立人才培养与使用相结合的激励机制并建立引入固定收入的激励机制。

丁川（2009）在其博士论文中指出，成功的销售依赖于企业之间高效率的协调，渠道系统成员同时存在各自不同的利益，即系统整体利润最大化时的决策和成员个体利润最大化时的决策冲突。故而，渠道成员必须协同促进供应链系统的高效运营。该文献从定性、定量两个角度研究了渠道成员的激励与协调问题。

对1986～2016年销售员激励的相关文献的关键词进行统计，频次最高的是激励（incentive），达到184次，关键词被引频次的前十名，如表2－7所示。这些关键词表明销售员激励的研究热点，主要集中在对激励、绩效、信息、模型以及补偿等方面。

表2－7　1986～2016年共被引关键词排名前十名

被引频次	关键词
184	激励（incentives）
133	绩效（performance）
110	信息（information）
106	模型（model）
100	补偿（compensation）
96	竞争（competition）
95	销售（sales）
77	市场（market）
73	影响（impact）
67	合约（contracts）

2.5.5 中外文研究述评

目前，对供应链协同的中外文研究文献主要集中于降低成本、提高销量、信息分享和改进预测精度等方面。沙巴和丰塔内利亚（Sabath and Fontanella，2002）对于供应链协同给出了一个很好的综述。基姆和欧恒（Kim and Oh，1996）应用系统动力学的方法，研究供应商主导的供应链系统、制造商主导的供应链系统和平衡决策三种情况下，供应链协同的绩效问题。曹和张（Cao and Zhang，2011）采用实证分析方法，分析了供应链协同对公司绩效的影响，指出供应链协同通过影响协同优势进而影响公司绩效。拉马纳坦和古纳斯卡兰（Ramanathan and Gunasekaran，2014）通过对纺织公司顾客的调查分析发现，协同影响供应链的成功进而有利于将来的协同。拉马纳坦（Ramanathan，2014）指出，若高层管理者在供应链协同中参与较少，则会降低供应链绩效。

尽管供应链协同研究已经相当广泛，但是，考虑人员协同激励的研究却很少见。门泽尔（Mentzer，2000）指出，供应链协同的许多障碍与人有关。公司从事协同活动依赖很多关键的雇员，他们在供应链协同中扮演着重要的角色，关键的雇员包括 CEOs、销售员和顾客服务代表等。但是，沙巴和丰塔内利亚（Sabath and Fontanella，2002）指出，人力资源在供应链协同中被忽略了。

另外，销售员激励的文献大都是基于二级供应链展开的，即制造商和销售员或者零售商和销售员组成的供应链系统，很少见到三级甚至多级供应链系统中销售员激励的文献。在现实生活中，很多行业的供应链系统是三级甚至多级的，如零售业、计算机硬件和汽车等，制造商通过零售商，零售商又依赖销售员将商品销售给顾客。陈和肖（Chen and Xiao，2012）将制造商、零售商和销售员的渠道系统称为三级供应链，并分析了零售商预测精度对供应链绩效的影响。本书采用陈和肖（Chen and Xiao，2012）对供应链结构的定义，即把制造商—零售商—销售员的供应链结构定义为三级供应链。类似地，把制造商—销售员的供应链结构定义为二级供应链，制造商—销售员—零售商的供应链结构定义为三级供应链，制造商—零售商—销售员—顾客的供应链结构定义为四级供应链。孔和陈（Kung and Chen，2014）考虑了三级供应链结构中零售商和销售员的预测精度对供应链绩效的影响。坎贾里等（Khanjari et al.，2014）在制造商、销售员和零售商的三级供应链结构中分析了制造商雇佣的销售员对供应链绩效的影响。卡尔迪耶拉罗和科赫兰（Caldieraro and Coughlan，2007）从优化渠道的角度，在垄断和竞争两种环境下，讨论了制造商、销售代表公司和销售员三级供应链结构下销售员的激励问题。中文文献郑鑫和叶明海（2015）在特许经营背景下，研究了制造商、经销商和销售员的三级供应链系统中制造商的跨边界协同激励对销售代理绩效的影响。

综上所述，本书研究制造商—销售员的二级供应链系统、制造商—销售员—零售商的三级供应链系统、制造商—零售商—销售员的三级供应链系统、制造商—零售商—销售员—顾客的四级供应链系统中销售员的激励问题，并且，研究了销售员的协同激励对供应链系统绩效的影响。

2.6 本章小结

本章分别对博弈论、信息经济学、委托代理理论以及非线性规划进行了概述，然后，综述了供应链管理、供应链协同和销售员激励。本书将基于上述理论方法和文献基础展开具体研究。

第3章 考虑信息对称性和竞争性的销售员激励模型

1992年，美国友邦保险进入上海之后，引进了保险代理人制度。目前，中国保险营销制度的主要形式是保险代理人制度，这种制度的核心是，保险营销人员与保险公司之间的法律关系是委托代理关系，签订的是保险代理合同，营销人员取得薪酬的主要组成部分是销售佣金，保险公司不提供底薪，不承担社会保障费用。

近几年，已经有保险公司尝试改进纯粹的代理制度，常见的做法是仍与营销人员签订代理合同，但提供一定额度的底薪或具有底薪性质的津贴，承担一定额度的社保费用。也有个别保险公司与营销人员签订劳动合同，承担相应的社保费用，只是营销人员收入的主要部分仍与销售业绩挂钩，底薪只占很小一部分。

中国寿险代理人的薪酬大体分为两个体系：一个体系是位于团队组织金字塔底层的营销员，其收入的主要来源为佣金，取决于业绩；另一个体系统称为组织发展系列人，包括业务主任、业务经理、部门经理、总监，其薪酬主要由佣金+津贴+奖金构成，津贴享受的时限、类别、比率随着职级的提升而相应提高，奖金、津贴在收入中的比例越来越大，薪酬越趋稳定。

销售员处在商品与顾客这个价值渠道的第一线，与制造企业相比，他们了解顾客的需求和市场前景，拥有信息优势。制造企业希望销售人员分享市场信息，提高销售努力，进而实现制造商的利益。销售人员期望付出尽可能少的努力而获得丰厚的报酬。作为独立的利益主体，双方利益并不完全一致。因而，如何根据不同的信息状态来激励销售人员努力工作进而维护自身利益，是企业面临的现实问题。首先，针对的是一个制造商和一个销售员组成的供应链系统，如图 3 – 1 所示。该供应链渠道称为直接营销渠道，没有中间商层级；制造商通过销售员直接将产品出售给消费者。例如，玫琳凯化妆品公司（Mary Kay）通过上门推销、家庭聚会或者办公室聚会以及网络进行销售；而有的牛排公司则通过互联网和电话直接销售产品。本章分别给出对称信息情况下，单一信息不对称、双重信息不对称情况下的博弈模型，运用委托代理理论求解模型并给出不同信息状态下的销售员激励方案。其次，研究了由一个制造商和两个销售员组成的供应链系统，两个销售员分别在不同区域销售同一种产品，但是，区域有重叠，故而存在竞争。分析了竞争性对销售员补偿合约的影响。最后，通过 Matlab 软件进行数值模拟，验证了结论的有效性。

图 3 – 1　制造商和销售员组成的供应链

资料来源：笔者整理而得。

3.1　参数定义及模型假设

假设供应链系统由一个制造商和一个销售员组成，制造商是委托人，销售员是代理人。制造商风险中性，销售员风险规避。

影响需求的因素多种多样，有服务水平、广告投入、产品质量、品牌、价格等。众所周知，产品的需求在很大程度上受到销售价格的影响，通常价格越高，需求越小；反之，则越大。在日常生活中，我们常常发现，物品的大量摆放往往与产品降价促销相关联。比如，面对各大超市或卖场的降价促销活动，以及农贸市场上整车蔬菜、水果的贩卖，消费者的第一反应就是便宜，因此，会招来大量顾客询问或购买。斯瓦米纳坦和塔尤尔（Swaminathan and Tayur，2003）、邓龙西里（Dumrongsiri，2008）发现，价格是影响需求的主要因子。很多文献考虑了价格因素，大体上可分为中心化价格和授权型价格。中心化价格，即合同中包含了价格，即委托人决定价格，授权型价格即代理人来决定价格。拉尔（Lal，1986）证明了当销售员拥有私人信息时，价格授权是合适的。米什拉和普拉萨德（Mishra and Prasad，2004）发现，如果销售员在所拥有的私人信息被揭露后与公司签订合同，中心化的价格决策可以使公司达到最大期望利润。然而，上述文献仅考虑价格，没有考虑竞争。巴德瓦杰（Bhardwaj，2001）、米什拉和普拉萨德（Mishra and Prasad，2005）研究了在竞争环境下的授权型价格。该文献将价格作为决策变量，本书尝试将价格作为外生变量，考虑价格对销售员努力和激励合约的影响。因而，本书的市场销量 X，由市场状态 θ、销售员的努力 e_i、商品价格 p 和随机项 ε 决定，即 $X_i = \theta + \lambda e_i - bp + \varepsilon$，$i = \{0,1,2\}$，其中，$i = 0$ 表示对称信息状态，$i = 1$ 表示单一信息不对称状态，$i = 2$ 表示双重信息不对称状态。其中，$e_i \geqslant 0$，系数为 λ。这个假设是合理的，因为销售员努力销售商品，帮助制造商挖掘消费者，从而增加整个市场的销售量。价格 p 外生，这在销售员补偿文献中是很常见的假设。ε 是随机变量，服从均值为 0、方差为 σ^2 的正态分布。

制造企业不能观测到销售人员的努力程度，但是，可以观测到其销售量，根据该销售量提供补偿合约。根据霍尔斯特罗姆和米尔格罗姆（Holmstrom and Milgrom，1987）的研究，线性合同为最优。故而，本书假设制造商给予销售员的激励合同为：$s(X_i) = \alpha_i + \beta_i X_i$，其中，$\alpha_i$ 为基本工资，β_i 为销售单位商品的佣金。

销售员的努力成本 C 与努力程度 e_i 密切相关，且满足 $C'(e_i) > 0$，$C''(e_i) > 0$。即努力成本为努力程度的严格单调递增函数，且随着努力程度增加其成本上升更快。根据戴和杰拉思（Dai and Jerath，2013）的研究，本书取 $C(e_i) = \frac{1}{2}ke_i^2$，其中，$k > 0$，为努力成本系数。为便于计算，假设制造商的生产成本为零，这个假设在销售员补偿研究中很常见，如巴苏等（Basu et al.，1985）、戈德斯（Godes，2003）。

制造商风险中性，故期望效用等于期望收入。记制造商在状态 i 的收益为 π_M^i，则：

$$\pi_M^i = pX_i - s(X_i) \tag{3-1}$$

$$E(\pi_M^i) = E[pX_i - s(X_i)] = (p - \beta_i)(\theta + \lambda e_i - bp) - \alpha_i \tag{3-2}$$

3.2 对称信息条件下的销售员激励模型

在对称信息情况下，制造商可以观测到销售员的努力程度，激励约束不起作用，因此，制造商的决策变量为激励参数 α_0 和销售员的努力水平 e_0。

制造商风险中性，追求收益最大化。销售员是风险规避的，其追求的不是收益最大化，而是收益所带来效用的最大化。因此，本节考虑销售员效用最大化前提下的制造商收益最大化问题。假设销售员的效用函数具有不变绝对风险规避特征，即效用函数 $\mu(\omega) = -e^{-r\omega}$，其中，r 是销售员的风险规避系数，ω 是实际货币收入。如果销售员喜欢冒险，则效用函数是凸函数，$r < 0$；如果销售员风险中性，效用函数是线性的，$r = 0$；如果销售员风险规避，效用函数为凹函数，$r > 0$。

假设销售员的收益服从均值为 $E(\omega)$、方差为 $V(\omega)$ 的正态分布，则：

$$E(\mu(\omega)) = \int_{-\infty}^{+\infty} -e^{-r\omega}\frac{1}{\sqrt{2\pi V(\omega)}}e^{\frac{(\omega-E(\omega))2}{2V(\omega)}}dx = -e^{-r[E(\omega)-\frac{rV(\omega)}{2}]} \quad (3-3)$$

根据普拉特（Pratt，1992）的确定性等价（certainty equivalent，CE）原理，我们可以得到销售员的效用函数为：

$$E(\pi_S^0) = \alpha_0 + \beta_0 X_0 - \frac{1}{2}ke_0^2 - \frac{1}{2}r\beta_0^2\sigma^2 \quad (3-4)$$

在销售员风险规避条件下，制造商的问题是选择 α_0 、p 和 e_0 ，解以下最优化问题：

$$\max_{\alpha_0, e_0} E(\pi_M^0) = p(\theta + \lambda e_0 - bp) - \alpha_0 \quad (3-5)$$

$$\text{s. t. } E(\pi_S^0) = \alpha_0 - \frac{1}{2}ke_0^2 - \frac{1}{2}r\beta_0^2\sigma^2 \geqslant \mu_0 \quad (3-6)$$

逆向归纳法，可得：

$$e_0^* = \frac{\lambda p}{k} \quad (3-7)$$

$$\alpha_0^* = \frac{\lambda^2 p^2}{2k} + \mu_0 \quad (3-8)$$

在对称信息条件下，制造商给予销售员的佣金为零。努力水平受价格影响，价格越高，销售员越努力。底薪也受价格的影响，价格越高，销售员的底薪越高。销售员的风险规避参数，对努力和底薪没有影响。若制造企业充分了解市场、销售员能力等信息，则可以只提供给销售员固定工资；对于价格较高的商品，应该给予略高一些的底薪。

3.3　单一信息不对称条件下的销售员激励模型

制造商和销售员是具有不同利益的独立个体，出于某些目的，销售员通常会隐瞒相关信息以获取私利。非对称信息下的渠道决策问题在实际活动中普遍存在，该问题已成为管理界的热点研究问题之一。

本节的信息不对称是指销售员的努力程度为其私有信息，企业需要设计合约以有效地激励销售员提高其努力水平。在非对称信息条件下，销售员的激励相容约束（incentive compatibility constraint，IC）为：

$$e_1 = \frac{\lambda\beta_1}{k} \tag{3-9}$$

则制造商的最优激励合约，可通过如下模型得到：

$$\max_{\alpha,\beta,p} E(\pi_M^1) = (p - \beta_1)(\theta + \lambda e_1 - bp) - \alpha_1$$

$$\text{s. t.} \begin{cases} \max\limits_{e} E(\pi_S^1) = \alpha_1 + \beta_1(\theta + \lambda e_1 - bp) - \frac{1}{2}ke_1^2 - \frac{1}{2}r\beta_1^2\sigma^2 & (IC) \\ \text{s. t. } E(\pi_S^1) = \alpha_1 + \beta_1(\theta + \lambda e_1 - bp) - \frac{1}{2}ke_1^2 - \frac{1}{2}r\beta_1^2\sigma^2 \geqslant \mu_0 & (IR) \end{cases}$$

(3－10)

将式（3－10）中的（IR）取等式，可得：

$$\alpha_1 = -(\theta - bp)\beta_1 - \frac{\lambda^2}{2k}\beta_1^2 + \frac{1}{2}r\sigma^2\beta_1^2 + \mu_0 \tag{3-11}$$

将式（3－11）代入式（3－10）中，制造商期望收益函数，得：

$$\pi_M^1 = p(\theta + \frac{\lambda^2}{k}\beta_1 - bp) - \frac{1}{2}(\frac{\lambda^2}{k} + r\sigma^2)\beta_1^2 - \mu_0 \tag{3-12}$$

对 π_M 求二阶导数，有 $\frac{\partial^2 \pi_M^1}{\partial \beta_1^2} = -(\frac{\lambda^2}{k} + r\sigma^2) < 0$，容易得到 π_M^1 的海瑟（Hesse）矩阵负定，即存在 β_1 使 π_M^1 取得最大值，而最优的 β_1 在驻点处，即一阶条件 $\frac{\partial \pi_M^1}{\partial \beta_1} = 0$ 处取得，即：

$$\frac{\partial \pi_M^1}{\partial \beta_1} = \frac{\lambda^2}{k}p - (\frac{\lambda^2}{k} + r\sigma^2)\beta_1 = 0 \tag{3-13}$$

求解式（3－13），有：

$$\beta_1^* = \frac{\lambda^2 p}{\lambda^2 + kr\sigma^2} \tag{3-14}$$

$$e_1^* = \frac{\lambda^3 p}{k(\lambda^2 + kr\sigma^2)} \tag{3-15}$$

将式（3－14）、式（3－15）代入式（3－11），得：

$$\alpha_1^* = -(\theta - bp)\beta_1^* + \frac{\lambda^2}{2k}\beta_1^{*2} + \frac{1}{2}r\sigma^2\beta_1^{*2} + \mu_0 \tag{3-16}$$

根据式（3－14）～式（3－16）可得下述结论：

结论 3－1：在单一信息不对称条件下，销售员努力受价格和风险规避参数的双重影响。价格越高，销售员越努力；价格越低，销售员努力积极性越低。风险规避参数越小，销售员越努力；风险规避参数越大，销售员努力水平越低。

结论 3－1 和实际生活是吻合的。在超市或者商场里，销售员通常更愿意推销价格较高的商品，尽管很多时候价格低的商品就能满足消费者的需求。

结论 3－2：在单一信息不对称条件下，销售员佣金受价格和风险规避参数的双重影响。价格越高，销售员佣金越高；价格越低，销售员佣金越低。风险规避参数越小，销售员佣金越高；风险规避参数越大，销售员佣金越低。

当制造商不能观察到销售员的努力水平时，若商品价格较高，制造商应该给予销售员较高的佣金。这是因为价格较高的商品，销售员的销售量通常会较少，此时，制造商应该给予较高的单位佣金，否则，销售员的佣金总收入会非常低，不利于提高销售员的积极性。

结论 3－3：在单一信息不对称条件下，销售员底薪受价格和风险规避参数的双重影响。价格越高，底薪越高；风险规避参数越大，底薪越低。

若制造商不能观察到销售员的努力水平，商品价格较高时，应给予销售员较高的底薪。价格较高，佣金总收入相对较少，故而制造商应适当增加底薪来激励销售员。

3.4 双重信息不对称条件下的销售员激励模型

本节将以往的假设条件放宽到市场状态，销售员的努力水平均为私有信息，进一步研究双重信息不对称下的激励问题。不失一般性，假设市场状态 θ 有两种，高需求和低需求，分别记为 θ_H 和 θ_L，且 $\theta_H > \theta_L > 0$。其比例分别为 ρ 和 $1-\rho$，即：

$$\theta = \begin{cases} \theta_H, \rho(0 < \rho < 1) \\ \theta_L, 1-\rho \end{cases}$$

在签订合同时，制造商面临双重信息不对称：首先，在签订合约前，就存在市场状态信息不对称，这是典型的“逆向选择”问题；其次，在签订合约后，双方还存在销售努力信息的不对称，这是典型的“道德风险”问题。企业面临逆向选择与道德风险条件下，如何诱导销售人员汇报真实市场状态并提高销售努力的双目标混合激励问题。

3.4.1 混同合同

因为市场只有两种状态，制造商可以选择提供一种薪酬合同（混同合同），也可以选择提供两种合同（分离合同）。先考虑制造商只提供一种合同的情形，即混同合同。无论是高市场需求状态，还是低市场需求状态，销售员只有一种选择，即只有一种激励方式。由于销售员风险态度在前两节已做了深入讨论，本节只考虑销售员风险规避时的博弈模型：

制造商提供给销售员薪酬合同 $s(X_i) = \alpha_i + \beta_i X_i$，销售员的期望效用为：

$$\mu(s,\cdot) = E(\pi_S^{2P}) = \alpha_{2P} + \beta_{2P}[\theta(\cdot) + \lambda e_{2P} - bp] - \frac{1}{2}ke_{2P}^2 - \frac{1}{2}r\beta_{2P}^2\sigma^2 \tag{3-17}$$

因为 $\theta_H > \theta_L > 0$，只要保证市场状态为低需求时，销售员的效用不低于保留效用，高需求状态时的效用一定不会低于保留效用，则制造商最优激励合约可通过如下模型得到：

$$\max_{\alpha_{2P},\beta_{2P}} \pi_M^{2P} = \rho E[pX_{2P} - s(X_{2P}) \mid e = e_H, \theta = \theta_H] + (1-\rho)E[pX_{2P} - s(X_{2P}) \mid e = e_L, \theta = \theta_L]$$

$$\text{s. t.}\begin{cases} e_{2PH} = e(s,H) & (IC-H) \\ e_{2PL} = e(s,L) & (IC-L) \\ \mu(s,L) \geqslant \mu_0 & (IR-L) \end{cases} \tag{3-18}$$

解上述模型得：

$$e_{2PH} = e_{2PL} = e_{2P} = \frac{\lambda\beta_{2P}}{k} \tag{3-19}$$

将式（3－18）中（IR－L）约束取等式，得：

$$\alpha_{2P} = -\beta_{2P}(\theta_L + \lambda e_{2P} - bp) + \frac{1}{2}ke_{2P}^2 + \frac{1}{2}r\sigma^2\beta_{2P}^2 + \mu_0 \tag{3-20}$$

将式（3－19）、式（3－20）代入式（3－18），有：

$$\pi_M^{2P} = \rho\left[p\left(\theta_H + \frac{\lambda^2}{k}\beta_{2P} - bp\right) - \beta_{2P}(\theta_H - \theta_L)\right] - \frac{1}{2}\left(\frac{\lambda^2}{k} + r\sigma^2\right)\beta_{2P}^2 + (1-\rho)p\left(\theta_L + \frac{\lambda^2}{k}\beta_{2P} - bp\right) - \mu_0 \tag{3-21}$$

对 π_M^{2P} 求二阶导数，有 $\frac{\partial^2\pi_M^{2P}}{\partial\beta_{2P}^2} = -\left(\frac{\lambda^2}{k} + r\sigma^2\right) < 0$，容易得到 π_M^{2P} 的海瑟（Hesse）矩阵负定，即存在 β_{2P} 使 π_M^{2P} 取得最大值，而最优的 β_{2P} 在驻点处，即一阶条件 $\frac{\partial\pi_M^{2P}}{\partial\beta_{2P}} = 0$ 处取得，即：

$$\frac{\partial\pi_M^{2P}}{\partial\beta_{2P}} = \frac{\lambda^2}{k}p - \rho(\theta_H - \theta_L) - \left(\frac{\lambda^2}{k} + r\sigma^2\right)\beta_{2P} \tag{3-22}$$

求解式（3－22），有：

$$\beta_{2P}^* = \frac{\lambda^2 p + k\rho(\theta_L - \theta_H)}{\lambda^2 + kr\sigma^2} \tag{3-23}$$

$$e_{2P}^{*}=\frac{\lambda[\lambda^{2}p+k\rho(\theta_{L}-\theta_{H})]}{k(\lambda^{2}+kr\sigma^{2})} \tag{3-24}$$

$$\alpha_{2P}^{*}=-\beta_{2P}^{*}(\theta_{L}+\lambda e_{2P}^{*}-bp)+\frac{1}{2}ke^{*2}_{2P}+\frac{1}{2}r\sigma^{2}\beta_{2P}^{*2}+\mu_{0} \tag{3-25}$$

制造商给予销售员佣金与价格息息相关，价格越高的商品，给予销售员的佣金越高。

销售员的佣金受销售员风险规避度的影响。风险规避度越高，佣金越少。一个保守、稳重的销售员，具有较高的风险规避度，更喜欢得到固定收益，制造商可以给予较少的佣金。

销售员的佣金与环境不确定性随机变量的方差负相关，环境不确定性越高，制造商应该给予销售员的佣金越高。

3.4.2 分离合同

制造商设计两种合同，使不同市场状态下，销售员所选择的合约就是制造商为他提供的合约。这种合约具备“自我选择”的特征，能够实现市场状态的甄别，诱使销售人员付出最有利于公司的努力水平。该合约菜单可通过求解如下模型得到：

$$\max_{s_H,s_L}\pi_{M}^{2S}=\rho E[pX_{2S}-s_{H}(X_{2S})\mid e=e_{H},\theta=\theta_{H}]+$$

$$(1-\rho)E[pX_{2S}-s_{L}(X_{2S})\mid e=e_{L},\theta=\theta_{L}]$$

$$\text{s.t.}\begin{cases}e_{H}=e(s,H) & (IC-H)\\ e_{L}=e(s,L) & (IC-L)\\ \mu(s_{H},H)\geqslant\mu(s_{L},H) & (IC-HL)\\ \mu(s_{L},L)\geqslant\mu(s_{H},L) & (IC-LH)\\ \mu(s,H)\geqslant\mu_{0} & (IR-H)\\ \mu(s,L)\geqslant\mu_{0} & (IR-L)\end{cases} \tag{3-26}$$

在式（3－26）中，（IC－H）和（IC－L）为销售员的激励相容约束，即市场状态为高或低时，销售员选择使自己期望效用最大化的努力。模型中（IC－HL）和（IC－LH）也为销售员的激励相容约束。即市场状态为高时，销售员选择制造商提供的合同 $s_H(X)$ 得到的期望效用大于选择合同 $s_L(X)$ 的效用；当市场状态为低时，销售员选择制造商提供的合同 $s_L(X)$ 得到的期望效用大于选择合同 $s_H(X)$ 的效用。模型中（IR－H）和（IR－L）为销售员的理性约束。即销售员接受合同所得的期望效用不能小于保留效用。

由激励相容约束（IC－H）和（IC－L），可得销售员的努力水平 $e_{2SH}=\frac{\lambda\beta_{2SH}}{k}$，$e_{2SL}=\frac{\lambda\beta_{2SL}}{k}$。将合约菜单 $s_{2SH}(X_{2SH})=\alpha_{2SH}+\beta_{2SH}X_{2SH}$，$s_{2SL}(X_{2SL})=\alpha_{2SL}+\beta_{2SL}X_{2SL}$ 代入上述模型，得：

$$\max_{s_{2SH},s_{2SL}}\rho E[pX_{2SH}-s_{2SH}(X_{2SH})\mid e=e_H,\theta=\theta_H]+$$
$$(1-\rho)E[pX_{2SL}-s_{2SL}(X_{2SL})\mid e=e_L,\theta=\theta_L]$$

$$\text{s. t.}\begin{cases}\alpha_{2SH}+\beta_{2SH}\theta_H+\frac{1}{2}\left(\frac{\lambda^2}{k}-r\sigma^2\right)\beta_{2SH}^2-b\beta_{2SH}p\geqslant\alpha_L+\beta_{2SL}\theta_H+\\ \frac{1}{2}\left(\frac{\lambda^2}{k}-r\sigma^2\right)\beta_{2SL}^2-b\beta_{2SL}p\quad(IC-HL)\\ \alpha_{2SL}+\beta_{2SL}\theta_L+\frac{1}{2}\left(\frac{\lambda^2}{k}-r\sigma^2\right)\beta_{2SL}^2-b\beta_{2SL}p\geqslant\alpha_{2SH}+\beta_{2SH}\theta_L+\\ \frac{1}{2}\left(\frac{\lambda^2}{k}-r\sigma^2\right)\beta_{2SH}^2-b\beta_{2SH}p\quad(IC-LH)\\ \alpha_{2SH}+\beta_{2SH}\theta_H+\frac{1}{2}\left(\frac{\lambda^2}{k}-r\sigma^2\right)\beta_{2SH}^2-b\beta_{2SH}p\geqslant\mu_0\quad(IR-H)\\ \alpha_{2SL}+\beta_{2SL}\theta_L+\frac{1}{2}\left(\frac{\lambda^2}{k}-r\sigma^2\right)\beta_{2SL}^2-b\beta_{2SL}p\geqslant\mu_0\quad(IR-L)\end{cases}$$

（3－27）

通过分析模型，约束条件（IC－HL）和（IR－L）成立，则（IR－

H）一定成立。故这里可以略去（IR－H）。构造目标函数的拉格朗日函数，记上述模型的拉格朗日函数和约束条件的拉格朗日乘子分别为 L 、γ_1 、γ_2 、γ_3 ，则有如下的库恩塔克最优性条件：

$$\begin{pmatrix} \frac{\partial L}{\partial \alpha_{2SH}} \\ \frac{\partial L}{\partial \beta_{2SH}} \\ \frac{\partial L}{\partial \alpha_{2SL}} \\ \frac{\partial L}{\partial \beta_{2SL}} \end{pmatrix} = \begin{pmatrix} \rho\left[\theta_H + \frac{2\lambda^2}{k}\beta_{2SH} - \left(b + \frac{\lambda^2}{k}\right)p\right] \\ (1-\rho)\left[\theta_L + \frac{2\lambda^2}{k}\beta_{2SL} - \left(b + \frac{\lambda^2}{k}\right)p\right] \\ \rho \\ 1-\rho \end{pmatrix} -$$

$$\gamma_1 \begin{pmatrix} \theta_H + \left(\frac{\lambda^2}{k} - r\sigma^2\right)\beta_{2SH} - bp \\ -\theta_H - \left(\frac{\lambda^2}{k} - r\sigma^2\right)\beta_{2SL} + bp \\ 1 \\ -1 \end{pmatrix} - \gamma_2 \begin{pmatrix} -\theta_L - \left(\frac{\lambda^2}{k} - r\sigma^2\right)\beta_{2SH} + bp \\ \theta_L + \left(\frac{\lambda^2}{k} - r\sigma^2\right)\beta_{2SL} - bp \\ -1 \\ 1 \end{pmatrix} -$$

$$\gamma_3 \begin{pmatrix} 0 \\ \theta_L + \left(\frac{\lambda^2}{k} - r\sigma^2\right)\beta_{2SL} - bp \\ 0 \\ 1 \end{pmatrix} = 0 \tag{3-28}$$

通过库恩－塔克条件即可求解，可求得：

$$\beta_{2SL}^* = \frac{\lambda^2 p(1-\rho) - k\rho(\theta_H - \theta_L)}{(1-\rho)(\lambda^2 + kr\sigma^2)} = \frac{\lambda^2 p - \frac{\rho k(\theta_H - \theta_L)}{(1-\rho)}}{(\lambda^2 + kr\sigma^2)} \tag{3-29}$$

$$\beta_{2SH}^* = \frac{\lambda^2 p}{\lambda^2 + kr\sigma^2} \tag{3-30}$$

$$\alpha_{2SL}^{*} = -\beta_{2SL}^{*}\theta_{L} - \frac{1}{2}\left(\frac{\lambda^{2}}{k} - r\sigma^{2}\right)\beta_{2SL}^{*2} + bp\beta_{2SL}^{*} + \mu_{0} \tag{3-31}$$

$$\alpha_{2SH}^{*} = -\beta_{2SH}^{*}\theta_{H} - \frac{1}{2}\left(\frac{\lambda^{2}}{k} - r\sigma^{2}\right)\beta_{2SH}^{*2} + bp\beta_{2SH}^{*} + \beta_{2SL}^{*}(\theta_{H} - \theta_{L}) + \mu_{0} \tag{3-32}$$

$$e_{2SH}^{*} = \frac{\lambda\beta_{2SH}^{*}}{k} \tag{3-33}$$

$$e_{2SL}^{*} = \frac{\lambda\beta_{2SL}^{*}}{k} \tag{3-34}$$

当制造商不了解市场状态，并且不能观察到销售员的努力水平时，若市场需求较高，销售员的佣金与销售价格正相关。即销售价格越高，给予的佣金越高；当市场需求较低时，佣金与价格正相关。也就是说，佣金与价格的关系并不受市场状态的影响。因而，制造商给予销售员的佣金应该充分考虑商品的价格因素，当价格较高时，佣金适当提高；不能因为市场萧条就降低销售员的佣金，这样，销售员努力的积极性会更低，销量下降，市场会更加萧条，陷入恶性循环。

3.5　三种信息状态下契约比较

对称信息、单一信息不对称和双重信息不对称下的佣金和销售努力，如表 3 - 1 所示。

表 3 - 1　　不同信息状态下佣金和销售努力

信息状态	指标	
	佣金	销售努力
对称信息	$\beta_{0}^{*} = 0$	$e_{0}^{*} = \frac{\lambda p}{k}$
单一信息不对称	$\beta_{1}^{*} = \frac{\lambda^{2}p}{\lambda^{2} + kr\sigma^{2}}$	$e_{1}^{*} = \frac{\lambda^{3}p}{k(\lambda^{2} + kr\sigma^{2})}$

续表

信息状态	指标	
	佣金	销售努力
双重信息不对称混同合同	$\beta_{2P}^{*}=\dfrac{\lambda^{2}p+k\rho(\theta_{L}-\theta_{H})}{\lambda^{2}+kr\sigma^{2}}$	$e_{2P}^{*}=\dfrac{\lambda[\lambda^{2}p+k\rho(\theta_{L}-\theta_{H})]}{k(\lambda^{2}+kr\sigma^{2})}$
双重信息不对称分离合同	$\beta_{2SH}^{*}=\dfrac{\lambda^{2}p}{\lambda^{2}+kr\sigma^{2}}$ $\beta_{2SL}^{*}=\dfrac{\lambda^{2}p-\dfrac{\rho k(\theta_{H}-\theta_{L})}{(1-\rho)}}{(\lambda^{2}+kr\sigma^{2})}$	$e_{2SH}^{*}=\dfrac{\lambda\beta_{2SH}^{*}}{k}$ $e_{2SL}^{*}=\dfrac{\lambda\beta_{2SL}^{*}}{k}$

通过对比表3－1中不同信息状态下制造商给予销售员的佣金和努力水平，有命题3－1。

命题3－1：$\beta_{0}^{*}<\beta_{2SL}^{*}<\beta_{2P}^{*}<\beta_{2SH}^{*}=\beta_{1}^{*}$，$e_{2SL}^{*}<e_{2P}^{*}<e_{2SH}^{*}=e_{1}^{*}<e_{0}^{*}$

证明：通过比较式（3－14）、式（3－23）、式（3－29）和式（3－30），可得命题3－1的前半部分，通过比较式（3－15）、式（3－24）、式（3－33）和式（3－34），可得命题3－1的后半部分。

由命题3－1可知，对称信息、单一信息不对称和双重信息不对称三种情形下销售员的佣金和努力水平相比：对称信息下销售员的佣金最低，此时，销售员的努力水平最高；单一信息不对称条件下，佣金最高；双重信息不对称条件下，销售员努力水平最低。在双重信息不对称条件下，混同情形时，佣金与努力水平介于分离情形时低需求状态和高需求状态之间。

3.6 考虑竞争性和信息对称性的销售员激励模型

3.5节研究了信息对称、单一信息非对称和双重信息非对称条件下销售员的激励问题。本节考虑的渠道系统由一个制造商和两个销售员组成。两个销售员分别在不同区域销售同一种产品，但是，区域有重叠，故而存在竞争。同陈（Chen，2005）等的假设，制造商规模较大，它是风险中性的，销售员属于风险规避的。

在竞争环境中，需求不仅与价格及销售员的努力相关，并且与竞争者的商品价格及其销售员努力相关。基于上述分析，并参考李和杨（Lee and Yang，2013），假设产品需求模型为：

$$X_i = a_i - b_i p + c_i e_i + m_i \lambda e_i - \lambda e_i e_j + \varepsilon \tag{3-35}$$

在式（3－35）中，X_i 为销售员 i 的销售量；a_i 为区域 i 的基本市场需求；b_i 表示需求对产品价格的敏感系数；c_i 表示需求对销售员努力的敏感系数；λ 表示竞争系数，$0 \leqslant \lambda \leqslant 1$；$m_i$ 表示竞争的正向作用系数，$0 \leqslant m_i < c_i$；e_i 表示销售员 i 的努力水平，误差项 ε 服从均值为 0，方差表示 σ^2 的正态分布。

销售员付出努力的成本，为努力的二次函数。根据陈（Chen，2005）的研究，努力成本 $C(e_i) = \frac{1}{2}k_i e_i^2$，$k_i$ 表示第 i 种商品的努力成本系数，e_i 表示第 i 种商品的努力。根据霍尔斯特罗姆和米尔格罗姆（Holmstrom and Milgrom，1987）的研究，线性合同为最优。故本书假设制造商给予销售员的薪资为 $S(X_i) = \alpha_i + \beta_i X_i$，$\alpha_i$ 为底薪，β_i 为售出单位产品的佣金。

销售员的效用函数 $U(\pi_S)$ 为负指数效用函数，即 $U(\pi_S) = -e^{-\gamma\pi_S}$，其中，$\gamma$ 为风险规避系数，π_S 为销售员收益。采用确定性等价原理，可得销售员 i 的期望效用 U_i 为：

$$U_i = s(X_i) - C(e_i) - \frac{1}{2}\gamma_i \beta_i^2 \sigma^2 \tag{3-36}$$

制造商风险中性，其期望收益 π_R 为：

$$\pi_R = \sum_{i=1}^{2}[pX_i - s(X_i)] \tag{3-37}$$

3.6.1 对称信息条件下销售员激励模型

在对称信息条件下，制造商能够观察到销售员的努力水平 $\beta_i = 0$。销售员先行动，根据保留效用确定底薪 α_i，制造商后行动，确定销售员的努力水平 e_i。则博弈模型为：

$$\max_{\alpha_i,\beta_i,e_i} E(\pi_M) = \sum_{i=1}^{2}[pX_i - s(X_i)] \tag{3-38}$$

$$s.t.\ E(U_i) \geqslant \mu_i \tag{3-39}$$

命题 3-2：如果 $\frac{k_1}{2\lambda p} < \frac{2\lambda p}{k_2}$，则销售员的均衡努力水平 e_1^* 和 e_2^*，制造商给予销售员的均衡底薪 α_i^*，且分别为：

$$e_1^* = \frac{p(c_1k_2 - 2\lambda^2m_2p - 2\lambda c_2p + \lambda k_2m_1)}{k_1k_2 - 4\lambda^2p^2} \tag{3-40}$$

$$e_2^* = \frac{p(c_2k_1 - 2\lambda^2m_1p - 2\lambda c_1p + \lambda k_1m_2)}{k_1k_2 - 4\lambda^2p^2} \tag{3-41}$$

$$\alpha_i^* = u_i + \frac{1}{2}k_ie_i^2 \tag{3-42}$$

证明：由多元函数极值存在的必要条件和充分条件，可得式（3-38）极值存在的一阶必要条件为：

$$\frac{\partial \pi_M}{\partial e_1} = p(c_1 + \lambda m_1 - \lambda e_2) - k_1e_1 - \lambda pe_2 = 0 \tag{3-43}$$

$$\frac{\partial \pi_M}{\partial e_2} = p(c_2 + \lambda m_2 - \lambda e_1) - k_2e_2 - \lambda pe_1 = 0 \tag{3-44}$$

二阶充分条件为海瑟矩阵负定，即：

$$H = \begin{vmatrix} -k_1 & -2\lambda p \\ -2\lambda p & -k_2 \end{vmatrix} < 0 \tag{3-45}$$

由式（3 - 45）可得：$\frac{k_1}{2\lambda p} < \frac{2\lambda p}{k_2}$。

命题 3 - 3： 当 $p < \min\left\{\frac{k_1 m_2}{2c_1}, \frac{k_2 m_1}{2c_2}\right\}$，且 $\frac{4\lambda p k_2}{k_1 k_2 + 4\lambda^2 p^2} < \frac{c_2}{c_1} \cdot \frac{\left(p - \frac{k_2 m_1}{2c_2}\right)}{\left(p - \frac{k_1 m_2}{2c_1}\right)} < \frac{k_1 k_2 + 4\lambda^2 p^2}{4\lambda p k_1}$，销售员 1 和销售员 2 的努力、底薪均是竞争密度的增函数。

证明：将式（3 - 40）和式（3 - 41）分别对竞争密度 λ 求偏导数，再令其偏导数大于 0，得：

$$\begin{cases} 4\lambda p k_2 (2pc_1 - k_1 m_2) > (2pc_2 - k_2 m_1)(4\lambda^2 p^2 + k_1 k_2) \\ 4\lambda p k_1 (2pc_2 - k_2 m_1) > (2pc_1 - k_1 m_2)(4\lambda^2 p^2 + k_1 k_2) \end{cases} \tag{3-46}$$

讨论上述不等式组，即可得到命题中的条件。

命题 3 - 4： 当 $p > \max\left\{\frac{k_1 m_2}{2c_1}, \frac{k_2 m_1}{2c_2}\right\}$，且 $\frac{4\lambda p k_2}{k_1 k_2 + 4\lambda^2 p^2} < \frac{c_2}{c_1} \cdot \frac{\left(p - \frac{k_2 m_1}{2c_2}\right)}{\left(p - \frac{k_1 m_2}{2c_1}\right)} < \frac{k_1 k_2 + 4\lambda^2 p^2}{4\lambda p k_1}$时，销售员 1 和销售员 2 的努力、底薪均是竞争密度的减函数。

证明：令 $\frac{\partial e_1}{\partial \lambda} > 0$，$\frac{\partial e_2}{\partial \lambda} < 0$，类似命题3 - 3 的讨论，即可得到命题3 - 4。

结合命题3 - 3、命题3 - 4 可知，当其他条件相同，若价格较低，则竞争越激烈，销售员付出的努力越大，给予的薪水也越多，而若价格较高，则竞争越激烈，销售员付出的努力越小，给予的薪水也越少。在现实生活中，也往往是这种情况。如在超市里，很多销售员都很卖力地促销，而相对高端高价格的电子产品，同样竞争很激烈，但是，销售员却并不会加大努力。若需要买价格较高的商品，通常我们会花很多心思，查询很多信息，对产品会有比较充分的了解，不需要销售员给予过多努力，竞争越激烈，我们越会做充分对比，销售员所需付出的努力越小。

命题 3－5： 当 $p > \max\left\{\frac{k_1 m_2}{2c_1}, \frac{k_2 m_1}{2c_2}\right\}$，并且 $\frac{c_2}{c_1} \cdot \frac{\left(p - \frac{k_2 m_1}{2c_2}\right)}{\left(p - \frac{k_1 m_2}{2c_1}\right)} < \frac{4\lambda p k_2}{k_1 k_2 + 4\lambda^2 p^2}$ 时，或当 $p < \min\left\{\frac{k_1 m_2}{2c_1}, \frac{k_2 m_1}{2c_2}\right\}$，并且 $\frac{c_2}{c_1} \cdot \frac{\left(p - \frac{k_2 m_1}{2c_2}\right)}{\left(p - \frac{k_1 m_2}{2c_1}\right)} > \frac{k_1 k_2 + 4\lambda^2 p^2}{4\lambda p k_1}$ 时，或当 $\frac{k_1 m_2}{2c_1} < p < \frac{k_2 m_1}{2c_2}$ 时，销售员 1 的努力、底薪是竞争密度的增函数，销售员 2 的努力、底薪是竞争密度的减函数。

证明：由命题 3－1 可知，$\frac{\partial e_1}{\partial \lambda} = \frac{8\lambda p^2 e_1 - p(2c_2 p - k_2 m_1 + 4\lambda m_2 p)}{k_1 k_2 - 4\lambda^2 p^2}$，将 e_1 代入，并讨论分析，即可得 $\frac{\partial e_1}{\partial \lambda} > 0$ 的条件。同样的方法，可以证明命题的后半部分。

命题 3－6： 当 $p > \max\left\{\frac{k_1 m_2}{2c_1}, \frac{k_2 m_1}{2c_2}\right\}$，并且 $\frac{c_2}{c_1} \cdot \frac{\left(p - \frac{k_2 m_1}{2c_2}\right)}{\left(p - \frac{k_1 m_2}{2c_1}\right)} > \frac{k_1 k_2 + 4\lambda^2 p^2}{4\lambda p k_1}$ 时，或当 $p < \min\left\{\frac{k_1 m_2}{2c_1}, \frac{k_2 m_1}{2c_2}\right\}$，并且 $\frac{c_2}{c_1} \cdot \frac{\left(p - \frac{k_2 m_1}{2c_2}\right)}{\left(p - \frac{k_1 m_2}{2c_1}\right)} < \frac{4\lambda p k_2}{k_1 k_2 + 4\lambda^2 p^2}$，或当 $\frac{k_2 m_1}{2c_2} < p < \frac{k_1 m_2}{2c_1}$ 时，销售员 1 的努力、底薪是竞争密度的减函数，销售员 2 的努力、底薪是竞争密度的增函数。

由命题 3－5 和命题 3－6 可知，若 $\frac{k_2 m_1}{2c_2}$ 较大，$\frac{k_1 m_2}{2c_1}$ 较小，当 c_1 、m_1 较大时，或者当 c_2 、m_2 较小时，即竞争对销售员 1 的正向作用较大时，其努力会随着竞争的加剧而增大，底薪也会随之增大；竞争对销售员 2 的正向作用较小，若抵消不了因努力而带来的负效用，则销售员 2 会降低努力水平，底薪也会随之减少。相反，若 $\frac{k_1 m_2}{2c_1}$ 较大，$\frac{k_2 m_1}{2c_2}$ 较小，即当 c_1 、m_1 较小时，或者当 c_2 、m_2 较大时，即竞争对销售员 2 的正向作用较大时，其努力会随着竞争的加剧而增大，底薪也会随之增大；而若 c_2 或者 m_2 较小时，竞争对销售员 1 的正向作用较小，则销售员 1 会降低努力水平，底薪也会随之减少。

3.6.2　信息不对称下销售员激励模型

事实上，制造商通常不能观察到销售员的努力水平，即道德风险问题。销售员先行动，根据激励相容约束确定努力水平 e_i ，根据理性约束确定底薪 α_i ，制造商后行动，确定给予销售员的佣金 β_i 。则此时，博弈模型为：

$$\max_{\alpha_i,\beta_i} E(\pi_M) = \sum_{i=1}^{2} [pX_i - s(X_i)] \tag{3-47}$$

$$\text{s. t. } \max_{e_i} E(U_i) = E\left[S(X_i) - C(e_i) - \frac{1}{2}\gamma_i\beta_i^2\sigma^2\right] \tag{3-48}$$

$$E(U_i) \geqslant \mu_i \tag{3-49}$$

式（3－48）为销售员的激励相容约束，式（3－49）为销售员的理性约束。为求解方便，我们做如下简化，令 $a_1 = a_2 = a$, $b_1 = b_2 = b$, $c_1 = c_2 = c$, $k_1 = k_2 = k$, $m_1 = m_2 = m$, $\beta_1 = \beta_2 = \beta$, $\alpha_1 = \alpha_2 = \alpha$ ，则有：

命题 3－7：在信息不对称时，销售员的均衡努力水平，制造商给予销售员的均衡底薪、佣金均存在，分别为：

$$e^{*} = \frac{\beta^{*}(c + m\lambda)}{k + \beta^{*}\lambda} \tag{3-50}$$

$$\alpha^{*} = -\beta^{*}(a_{L} - bp + ce^{*} + m\lambda e^{*} - \lambda e^{*2}) + \frac{ke^{*2}}{2} + \frac{r\beta^{*2}\sigma^{2}}{2} + u_{0} \tag{3-51}$$

均衡佣金 β^{*} 由式（3－52）的隐函数确定：

$$p(a - bp) - k(c + m\lambda)^{2}(k\beta - pk + \lambda p\beta)/(k + \lambda\beta)^{3} - r\sigma^{2}\beta = 0 \tag{3-52}$$

证明：由激励相容约束式（3－48）的一阶极值条件即可求得销售员的努力水平 e，将其表达式代入理性约束，即可得到底薪表达式，将底薪和努力水平表达式代入制造商目标函数式（3－47），并对其求关于佣金 β 的二阶偏导数为：

$$\frac{\partial^{2}\pi_{R}}{\partial\beta^{2}} = -\frac{2k(c + m\lambda)^{2}[k^{2} + (k + 3)\lambda p - 2\lambda\beta(k + \lambda p)]}{(k + \lambda\beta)^{4}} - 2r\sigma^{2}\beta < 0 \tag{3-53}$$

显然，π_{R} 是关于佣金 β 的凹函数，因此，β 应满足式（3－54）：

$$\frac{\partial\pi_{R}}{\partial\beta} = 2p(a - bp) - \frac{2k(c + m\lambda)^{2}(k\beta - pk + \lambda p\beta)}{(k + \lambda\beta)^{3}} - 2r\sigma^{2}\beta = 0 \tag{3-54}$$

即可得式（3－52）。

3.7 数值模拟

3.7.1 三种信息状态下数值模拟

下面，给出参数值：$p = 20$，$b = 2$，$\lambda = 3$，$r = 1$，$k = 1$，$\sigma = 2$，

$\theta_H = 25$，$\theta_L = 10$，$\theta = 18$，$\mu_0 = 600$。在上述参数不变的情形下，讨论 ρ 在（0，1）区间变动时，激励合约和销售员努力水平的变化情况，如图 3－2～图 3－6 所示。

在对称信息状态下，$\alpha_0^* = 2400$，$\alpha_1^* = 425.33$。观察图 3－2 可以发现，$\alpha_{2SH}^* < \alpha_{2P}^* < \alpha_{2SL}^*$。从而，$\alpha_{2SH}^* < \alpha_{2P}^* < \alpha_{2SL}^* < \alpha_0^*$，$\alpha_1^* < \alpha_{2SL}^*$，$\alpha_1^* < \alpha_{2P}^*$。在对称信息状态下，销售员的底薪最高。单一信息非对称状态下，销售员的底薪低于双重信息非对称状态下混同合同销售员底薪。在双重信息非对称状态下，混同合同时销售员的底薪介于分离合同时不同市场状态下销售员底薪之间，即 $\alpha_{2SH}^* < \alpha_{2P}^* < \alpha_{2SL}^*$，分离合同中市场需求较低时销售员的底薪最高。这是因为在分离合同中，若市场需求较低，销售员努力带来销量的增加并不明显，从而佣金收入较低，制造商为了平衡销售员的收益则需适当增加底薪。同时可以发现，市场为高需求的概率越大，销售员的底薪越低。这是因为强劲的市场，销量很大，从而获得佣金收入较高，则制造商适当降低底薪。

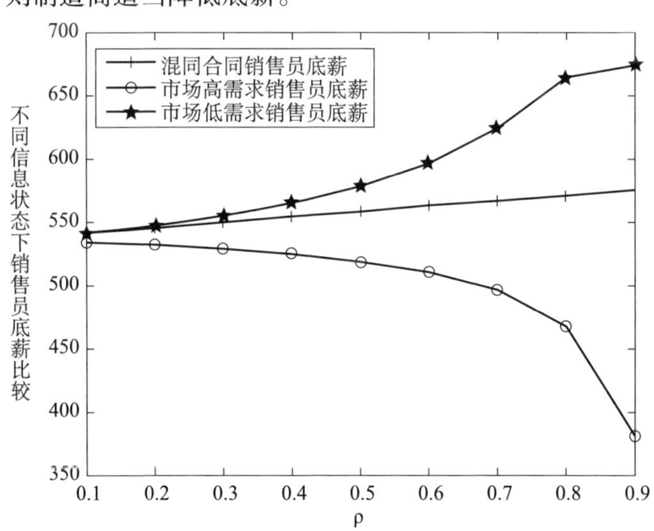

图 3－2　三种信息状态下销售员底薪比较

资料来源：笔者使用 Matlab 软件绘制而得。

在对称信息状态下，$\beta_0^* = 0$，$\beta_{2SH}^* = \beta_1^* = 13.85$。观察图3－3可以发现，$\beta_{2SL}^* < \beta_{2P}^*$。从而，$\beta_0^* < \beta_{2SL}^* < \beta_{2P}^* < \beta_{2SH}^* = \beta_1^*$ 和命题3－1结论一致。对称信息状态下给予销售员的佣金最低，为零。单一信息不对称状态下销售员的佣金不低于双重信息不对称状态下的佣金。双重信息非对称状态下，混同合同时销售员的佣金介于分离合同时不同市场状态下销售员的佣金之间，即 $\beta_{2SL}^* < \beta_{2P}^* < \beta_{2SH}^*$，分离合同时市场状态为高时佣金最高，等于单一信息非对称状态下的佣金。这是因为分离合同时，若市场状态为高，即相当于此时为双重信息不对称的特殊情况，仅努力信息不对称，故而和单一信息不对称状态下的佣金相同。

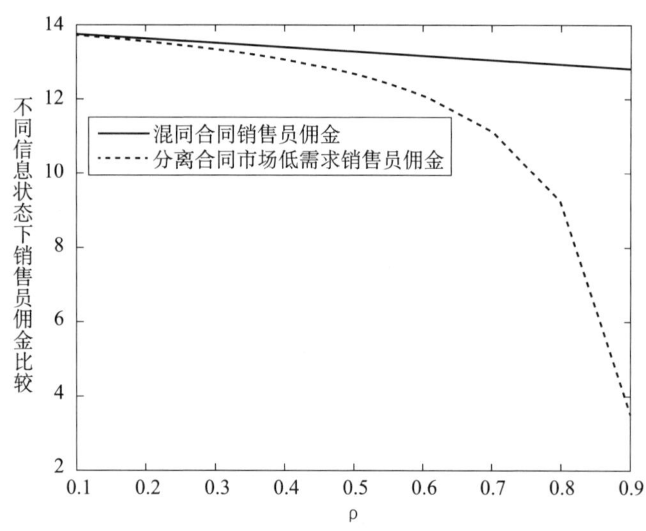

图3－3 不同信息状态下销售员佣金比较

资料来源：笔者使用Matlab软件绘制而得。

在对称信息状态下，$e_0^* = 60$，$e_{2SH}^* = e_1^* = 41.54$。观察图3－4可以发现，$e_{2SL}^* < e_{2P}^*$。从而，$e_{2SL}^* < e_2^* < e_{2SH}^* = e_1^* < e_0^*$，和命题3－1结论一致。在对称信息状态下销售员的销售努力水平最高。在单一信息不对称状态下，销售员的销售努力水平不低于双重信息不对称状态下的销售努力水平。在双重信息不对称状态下，混同合同时销售员的销售努力水

平介于分离合同时不同市场状态下销售员的销售努力水平之间，即 $e_{2SL}^* < e_{2P}^* < e_{2SH}^*$ ，分离合同时市场状态为高时销售员的销售努力水平最高，等于单一信息不对称状态下的销售员的销售努力水平。这是因为分离合同时，若市场状态为高，即相当于此时为双重信息不对称状态下的特殊情况，仅努力信息不对称，故而和单一信息不对称状态下的佣金相同。同时可以发现，市场为高需求的概率越大，销售员的努力水平越低。这是因为强劲的市场，不需要销售员更多的努力。譬如苹果系列产品大热的时候，果粉争相排队购买，他们事先已经很了解产品的功能和特性，基本上只是排队下订单，此时，销售员不需要付出很多努力。

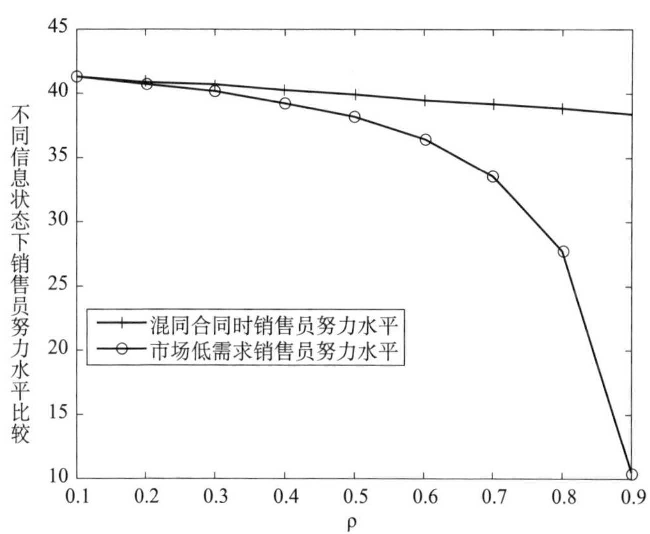

图 3－4　不同信息状态下销售员努力水平比较

资料来源：笔者使用 Matlab 软件绘制而得。

在对称信息状态下、单一信息不对称状态和混同合同时销售员效用均为保留效用 $\mu_0 = 600$ 。观察图 3－5 可以发现，$\mu_0 = u_{2SL}^* < u_{2SH}^*$ 。在分离合同时，市场状态为低时，销售员获得效用等于保留效用，低于市场状态为高时的销售员效用。市场状态为高时，销售员获得的效用高于保留效用，即销售员不仅得到了保留收益还得到了额外的信息租金。随着

市场状态为高的概率增加，销售员获得的信息租金降低。这是因为市场状态为高的概率越大，制造商正确推断市场状态的概率也越大，故销售员希望通过信息优势获得额外信息租金也越困难。

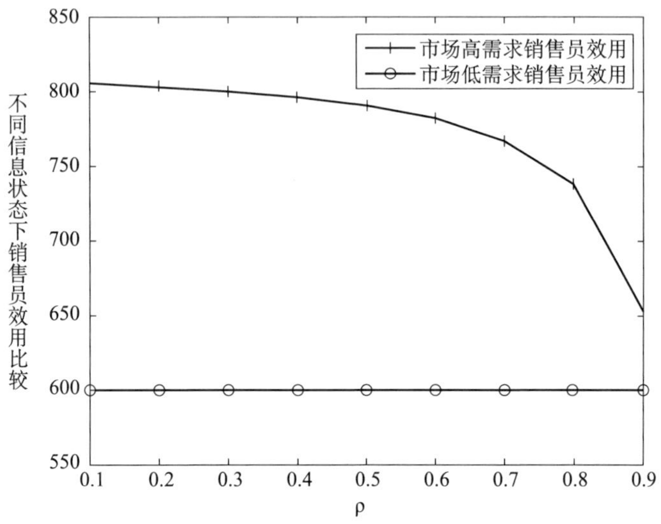

图 3-5　不同信息状态下销售员效用比较

资料来源：笔者使用 Matlab 软件绘制而得。

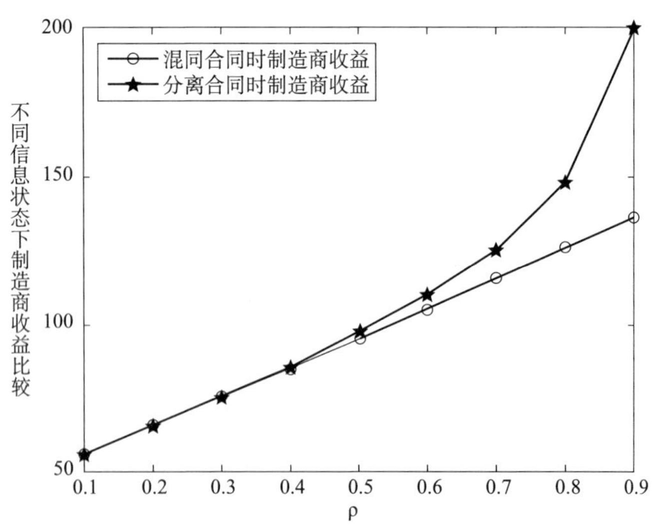

图 3-6　不同信息状态下制造商收益比较

资料来源：笔者使用 Matlab 软件绘制而得。

在对称信息状态下，$\pi_0^* = 760$，$\pi_1^* = 206.15$。观察图 3－6 可以发现，$\pi_{2P}^* < \pi_{2S}^*$。从而，$\pi_{2P}^* < \pi_{2S}^* < \pi_1^* < \pi_0^*$。在对称信息状态下，制造商的收益最高。在单一信息不对称状态下，制造商的收益高于双重信息不对称状态下制造商的收益。在双重信息不对称状态下，分离合同时制造商的收益高于混同合同时制造商的收益。观察图 3－6 还可以发现，在双重信息不对称状态下，制造商的收益随着市场状态为高的概率增加而增加。这和实际相符，市场条件越好，制造商收益越大。

3.7.2　考虑信息状态和竞争的数值模拟

上面分析了对称信息和信息不对称两种状态下竞争系数和价格对销售员补偿 $\{\alpha,\beta\}$ 和努力 $\{e\}$ 的影响。由于信息不对称状态下均衡解表达式烦琐，难以获得直观的结论，本节通过数值仿真，进一步分析该状态下竞争系数和价格与均衡解之间的关系，以期得到有用的结论指导实践运作。

下面，给出参数值：$a = 18$，$b = 2$，$c = 1$，$r = 0.5$，$k = 0.6$，$m = 0.1$，$\theta = 0.8$，$\mu_0 = 800$。在上述参数不变的情形下，讨论价格 $p = \{1, 3, 5, 7\}$，竞争系数 λ 在［0，1］区间变动时，激励合约和销售员努力水平的变化情况，如图 3－7～图 3－9 所示。

观察图 3－7 可以发现，当价格一定时，销售员的佣金随着竞争的增大而增长。刚开始增长幅度较大，但是，随着竞争进一步增大，佣金增长较少。竞争系数一定，若价格较低，佣金随着价格增长而增长，若价格较高，则佣金随着价格增长而降低。若商品价格较高，佣金也较高，那么，企业将无法调控销售员的工资，和现实相符，故而本章得出的结论能够很好地解释实践。

由图 3－8 可知，当价格较高时，销售员的底薪随着竞争的增大而增长，价格较低时，销售员的底薪随着竞争的增大而降低。当竞争系数一定时，且竞争系数较小，价格较高时，底薪随价格提高而增长，价格较低时，底薪随价格增长而降低；竞争系数较大时，价格较低时，底薪随价格增长而增长，价格较高时，底薪随价格增长而降低。若商品价格很高，比较难卖，销售员获得的佣金收入相对会低，企业势必通过加薪方式调整其收入。相反，价格较低，商品销量也较大，获得的佣金总收入会高一些，故而底薪应降低。

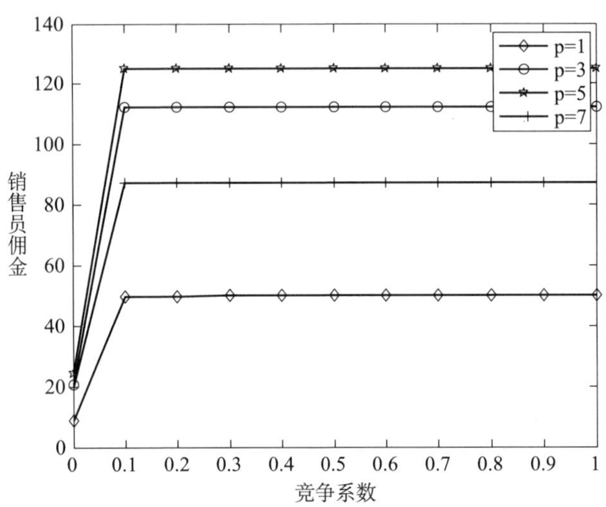

图 3－7 不同竞争水平下销售员佣金比较

资料来源：笔者使用 Matlab 软件绘制而得。

观察图 3－9 发现，当价格一定时，销售员的努力随着竞争的增大而减少。刚开始减少幅度较大，但是，随着竞争进一步增大，减少幅度缩小，努力趋于稳定。竞争系数一定，若价格较低，努力随着价格增长而增加，若价格较高，则努力随着价格增长而减少。

在现实生活中，若某一商品有很多品牌，譬如电视机，消费者会不知如何选择。面对这种情况，理性的消费者通常会事先了解不同品牌的商品有何差异，选择一款适合自己的商品，购买的时候往往直接挑选，不需要销售员解释过多。而若没有什么竞争的商品，消费者不会花费时间去详细了解情况，销售员需要做较多的努力，如详细介绍商品功能等。同样，若竞争系数一定，商品价格较高，消费者也会详细了解商品信息，销售员的努力也会随着价格的增长而减少，而若价格较低，消费者通常不会花费时间去了解详细情况，而销售员需要付出较多努力。

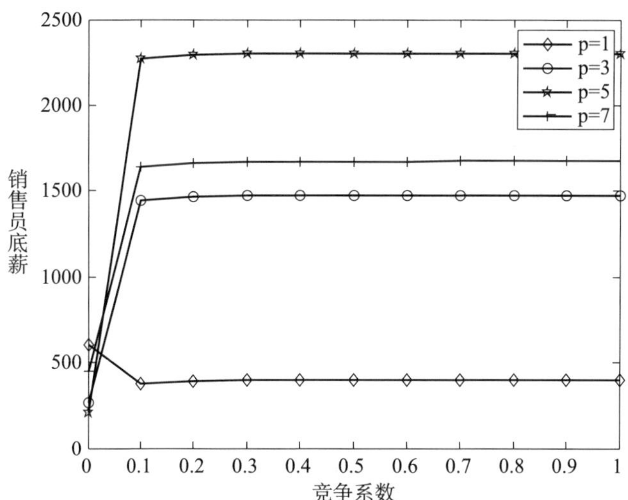

图3-8　不同竞争水平下销售员底薪比较

资料来源：笔者使用 Matlab 软件绘制而得。

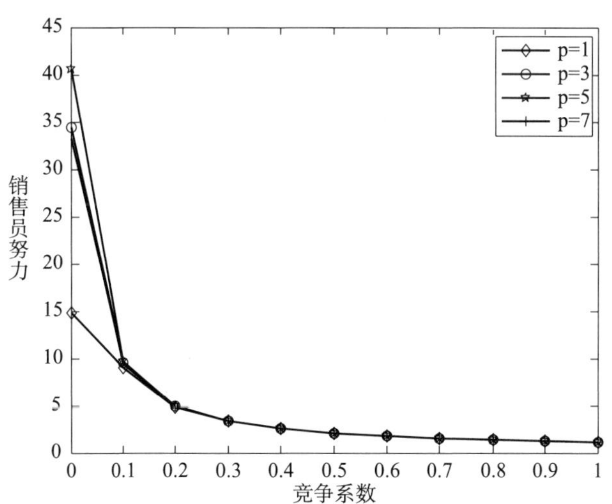

图3-9　不同竞争水平下销售员努力比较

资料来源：笔者使用 Matlab 软件绘制而得。

3.8 本章小结

本章以制造商和销售员组成的二级供应链为背景，追求制造商收益最大化前提下，研究了对称信息状态下、单一信息不对称状态下、双重信息不对称状态下和竞争条件下销售员的激励问题。在本章中，市场状态为高或低的概率是一个不可或缺的参数，因此，本章对市场状态概率如何影响激励合约、销售员努力水平和系统成员收益进行了研究。另外，本章还研究了价格和竞争系数对激励合约的影响。在本章的最后，通过算例分析、验证了结论的正确性。现将主要结论总结如下。

对称信息状态下销售员的底薪最高。单一信息不对称状态下销售员的底薪低于双重信息不对称状态下混同合同时销售员的底薪。在双重信息不对称状态下，混同合同时销售员的底薪介于分离合同时不同市场状态下销售员的底薪之间，分离合同时市场状态为低时销售员的底薪最高。

在对称信息状态下，给予销售员的佣金最低。单一信息不对称状态下销售员的佣金不低于双重信息不对称状态下的佣金。双重信息不对称状态下，混同合同时销售员的佣金介于分离合同时不同市场状态下销售员的佣金之间，分离合同时市场状态为高时佣金最高，等于单一信息不对称状态下的佣金。

对称信息状态下销售员的销售努力水平最高。单一信息不对称状态下销售员努力水平不低于双重信息不对称状态下的销售努力水平。双重信息不对称状态下，混同合同时销售员的努力水平介于分离合同时不同市场状态下销售员的努力水平之间，分离合同时市场状态为高时销售员的努力水平最高，等于单一信息不对称下的销售员的努力水平。

对称信息状态下、单一信息不对称状态下和混同合同下销售员效用均为保留效用。分离合同时，市场状态为低时销售员获得的效用等于保留效用，低于市场状态为高时的销售员效用。市场状态为高时，销售员获得的效用高于保留效用，即销售员不仅得到了保留收益还得到了额外的信息租金。随着市场状态为高的概率增加，销售员获得的信息租金降低。

对称信息状态下制造商的收益最高，单一信息不对称状态下制造商的收益高于双重信息不对称状态下制造商的收益。双重信息不对称状态下，分离合同时制造商的收益高于混同合同时制造商的收益。在双重信息不对称状态下，制造商的收益随着市场状态为高的概率增长而增长。

当价格一定时，销售员佣金随着竞争的增大而增长。刚开始增长幅度较大，但是，随着竞争进一步增加，佣金增长幅度降低。竞争系数一定，若价格较低，佣金随着价格增长而增长，若价格较高，则佣金随着价格增加而降低。

当价格较高时，销售员的底薪随着竞争的增长而增长，价格较低时，销售员的底薪随着竞争的增大而降低。当竞争系数一定时，且竞争系数较小、价格较高时，底薪随价格增长而增长，价格较低时，底薪随价格增长而降低；竞争系数较大时，价格较低时，底薪随价格增长而增长，价格较高时，底薪随价格增长而降低。

当价格一定时，销售员的努力随着竞争的增大而减少。刚开始减少幅度较大，但是，随着竞争进一步增加，减少幅度较小，努力趋于稳定。竞争系数一定，若价格较低，努力随着价格增长而增长，若价格较高，则努力随着价格增长而减少。

第4章 制造商雇用销售员的补偿激励模型

宝洁公司拥有众多畅销的消费者品牌。数十年来，作为全球最大的广告主，在备受专家推崇的卓越市场营销公司行列始终处于首位。宝洁公司之所以受到人们的赞许，还有另外的原因，即拥有以顾客为中心的一流销售团队。

宝洁公司明白，如果客户业绩不佳，公司收益也不可能好。因此，为了实现业务增长，必须先帮助那些将宝洁产品出售给最终消费者的零售商提高业绩。

宝洁公司的大多数客户都是大型企业，例如，沃尔玛等。这些企业往往拥有成千上万家门店，年收入动辄上亿美元。与这样的客户合作和交易非常复杂，远非单个销售人员或销售小组能够完成。因此，宝洁公司会为这类大型客户专门安排一个完整的客户管理团队。每个客户管理团队不仅包括销售人员，还包括与零售环节出售宝洁消费者品牌有关的各个方面专家。

为了有效地为大顾客服务，宝洁公司的销售人员必须接受良好的训练，能够随机应变，制定切实可行的战略。他们每天要面对那些大规模的零售客户，这些客户每年会从宝洁公司及其竞争对手手中购买价值数千万美元的商品。然而，与这些客户打交道所需的远不止友善的微笑和有力的握手。单个销售人员很难详细了解销售过程的每一个环节，多亏了客户管理团队这种销售组织结构的存在使得他们避开了这些麻烦。事实上，宝洁公司的零售合作伙伴经常依赖客户管理团队来帮助他们管理货架上的产品类别。客户管理团队在零售网点创造顾客价值、提高满意度并促进销售，从而促进零售商的订购量。

2010 年，美国制造商雇用的销售员达两百万，尤其是在制药行业和零售业，制造商雇用销售员增加经销商或者零售商的需求。因此，本章考虑制造商雇用的销售员的补偿问题及销售员对供应链绩效的影响。很多文献对销售员激励问题进行了研究，但大多是基于二级供应链展开，即制造商或者零售商对销售员的激励。也有些文献针对制造商、零售商和销售员的三级供应链作了研究。卡尔迪耶拉罗和科赫兰（Caldieraro and Coughlan，2007）从优化渠道的角度，在垄断和竞争两种环境下，讨论了制造商、销售代表公司及其销售员的三层激励问题。陈和肖（Chen and Xiao，2012）针对制造商、零售商和销售员的三级供应链结构，分两种情形讨论了零售商的预测精度对供应链成员绩效的影响。

然而，上述研究是销售员将商品销售给顾客，即销售员的作用为零售促销。霍普（Hopp，2010）考虑了制造商的销售员对供应链绩效的影响，认为销售员是风险中性的，而在现实生活中，销售员常常是风险规避的。本章考虑风险规避的销售员的补偿问题。本章与销售渠道激励文献的不同之处在于：首先，本章研究的是制造商、销售员和零售商这种三级供应链系统，销售员的作用是批发促销，而以往的研究考虑的是制造商、零售商和销售员或者其中的两者组成的供应链系统；其次，本章从营销运营这个独特的视角出发考虑销售员激励问题，更接近现实；最后，本章考虑的是风险规避的销售员。其主要研究内容如下：以制造商、销售员、零售商所构成的供应链系统为研究背景，分别构建了无销售员促销的集中决策模型和分散决策模型和有销售员促销的激励模型。结合博弈论和委托代理理论，给出了无销售员促销时的集中决策、无销售员促销时分散决策和有销售员促销时三种激励情形下的契约设计，并作了对比分析。其中，无销售员促销的供应链结构和有销售员促销的供应链结构，分别如图 4－1 和图 4－2 所示。

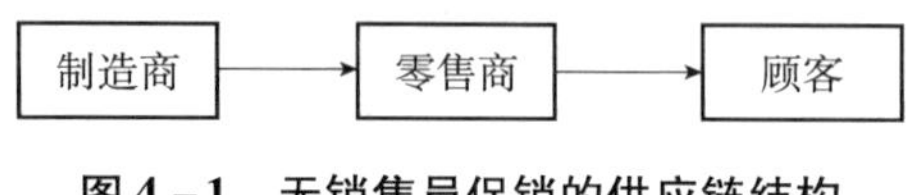

图 4－1 无销售员促销的供应链结构

资料来源：笔者整理绘制而得。

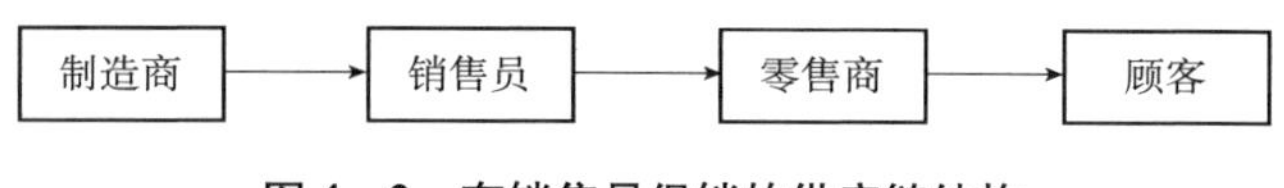

图 4－2 有销售员促销的供应链结构

资料来源：笔者整理绘制而得。

4.1 问题描述及参数说明

本章研究的供应链系统，是由制造商、销售员和零售商组成。一方面，制造商委托零售商进行产品销售；另一方面，制造商雇用销售员增加零售商的订购量。假设制造商、零售商风险中性，销售员风险规避。

销售员促销产生销量 $\Delta(e) = \lambda e$ ，其中，λ 为销售员促销因子，e 为销售员努力水平。销售员付出努力的成本 C(e) 与努力水平 e 有关，并且，C(e) 是 e 的增函数，且随着 e 的增加，C(e) 增加的幅度更大。参考陈（Chen，2005），成本函数可写为 $C(e) = \frac{1}{2}e^2$ 。

没有销售员促销时，零售商订购量为 Q_0 ，则有销售员促销时，零售商采购量 $Q = Q_0 + \Delta(e)$ 。

制造商批发价格为 p_m ，单位生产成本和单位库存成本分别为 c 、h_m 。则制造商收益为：

$$\pi_m = p_m \min\{Q,x\} - cx - h_m[x-Q]^+ - c'[Q-x]^+ - W(\alpha,\beta) \tag{4-1}$$

在式（4-1）中，为 x 生产水平，这里，$x < a$。c' 表示为满足需求而加急生产的成本，这里，$c' > c$。$W(\alpha,\beta)$ 表示制造商给予销售员的补偿合同，这里，$W(\alpha,\beta) = \alpha + \beta Q$，$\alpha$ 表示制造商给予销售员的底薪，β 表示单位订购量的佣金。其中，$w^+ = \max\{w,0\}$。

销售员的期望收益为：

$$\pi_S = \alpha + \beta Q - C(e) \tag{4-2}$$

销售员风险规避，其效用函数 $\mu(\pi_S) = -e^{-r\pi_S}$，具有不变的绝对风险规避度 $r = -\mu''/\mu'$。采用确定性等价原理可得，销售员期望效用函数 $\mu(\pi_S)$ 为：

$$\mu(\pi_S) = \pi_S - r\beta^2\sigma^2/2 \tag{4-3}$$

在式（4-3）中，$r\beta^2\sigma^2/2$ 为销售员的风险成本，即在期望收益中放弃 $r\beta^2\sigma^2/2$ 的收入以换取其确定性收益。

产品需求 $D(p_r)$ 与销售地区基本需求 a 以及产品零售价格 p_r 有关，表示为 $D(p_r) = a - bp_r$，其中，b 为销量反应系数。则零售商收益为：

$$\pi_r = p_r \min\{D,Q\} - p_m Q - h_r[Q-D]^+ - h_r'[D-Q]^+ \tag{4-4}$$

在式（4-4）中，h_r 为零售商单位库存成本、h_t' 表示为满足需求而产生的成本。

4.2 无销售员促销模型

无销售员促销时，供应链系统由制造商和零售商组成。本节考虑集中决策和分散决策两种决策模式。

4.2.1 无销售员促销时集中决策模型

在集中决策中，可以将制造商和零售商看作一个整体，两者属于一个经济实体或战略联盟，系统存在唯一的决策者，并从供应链整体角度决策，即集中决策模式，目标是供应链整体利润最大化。此时，供应链系统将产品直接销售给顾客，其最优决策目的是确定最优的产品销售价格 $p_{r,s}^{no*}$，以使供应链整体利润最大化。没有销售员时，供应链系统仅有制造商和零售商，此时，制造商收益 π_m^{no} 为：

$$\pi_m^{no} = p_m^{no}Q_0 - cx - h_m(x - Q_0) \tag{4-5}$$

在式（4－5）中，p_m^{no} 表示没有销售员促销时，制造商的批发价格。假设此时零售商的零售价为 p_r^{no}，则零售商收益 π_r^{no} 为：

$$\pi_r^{no} = (p_r^{no} - p_m^{no})Q_0 \tag{4-6}$$

供应链系统收益 $\pi_{sc,t}^{no}$ 为：

$$\pi_{sc,t}^{no} = \pi_m^{no} + \pi_r^{no} = p_r^{no}Q_0 - cx - h_m(x - Q_0) \tag{4-7}$$

根据制造商和零售商的收益函数，有下面的命题：

命题 4－1：在无销售员促销供应链集中决策模式中，最优销售价格 $p_{r,s}^{no*} = \dfrac{a - bh_m}{2b}$。

证明：在没有销售员促销集中决策模式下，式（4－7）对 p_r 求二阶偏导数，有 $\dfrac{\partial \pi_{s,t}^{no2}}{\partial p_r^2} = -2b < 0$，所以，$\pi_{s,t}^{no}$ 在 $p_{r,s}^{no} \in [0, +\infty)$ 中具有唯一的最优解 $p_{r,s}^{no*}$，由 $p_{r,s}^{no*}$ 满足其一阶偏导数最优条件为 $\dfrac{\partial \pi_{s,t}^{no}}{\partial p_r} = 0$，有 $p_{r,s}^{no*} = \dfrac{a - bh_m}{2b}$。证毕。

从而可得 $D^{no*} = \dfrac{a + bh_m}{2}$，此时，供应链系统最优收益为：

$$\pi_{sc,t}^{no*} = \frac{(a+bh_m)^2}{4b} - (c+h_m)x \tag{4-8}$$

4.2.2　无销售员促销分散决策模型

在分散决策模式下，制造商和零售商是独立的个体，双方都是从各自收益最大化的角度进行决策。制造商为领导者，零售商为跟随者。双方博弈过程如下：首先，制造商在了解零售商有关信息的基础上最优化自身收益，从而确定最优批发价格 p_m^{no}，零售商根据有关信息，判断其报价的合理性，然后，决定接受合同与否。如果接受，零售商确定产品的零售价格 p_r^{no}，订购量 Q^{no}；如果拒绝，则需制造商重新报价，直到双方达成协议或终止合同。

根据制造商和零售商的收益函数及博弈顺序，则有如下命题：

命题 4-2：在无销售员促销的供应链分散决策模式中，制造商最优批发价格为 p_m^{no*}，零售商最优销售价格为 p_r^{no*} 和最优订购量 Q^{no*} 构成唯一的子博弈精炼纳什均衡：

$$\begin{cases} p_m^{no*} = \dfrac{a-bh_m}{2b} \\ p_r^{no*} = \dfrac{3a-bh_m}{4b} \\ Q^{no*} = \dfrac{a+bh_m}{4} \end{cases} \tag{4-9}$$

证明：采用逆向归纳法求解。首先，分析零售商的最优决策问题。对式（4-6）求 p_r^{no} 的二阶偏导数得 $\frac{\partial \pi_r^{no2}}{\partial p_r^{no2}} = -2b < 0$，所以，$\pi_r^{no}$ 在 $p_r^{no} \in [0, +\infty)$ 具有唯一的最优解 p_r^{no*}，由 p_r^{no*} 满足其一阶偏导数最优条件为 $\frac{\partial \pi_r^{no}}{\partial p_r^{no}} = 0$，有 $p_{r,s}^{no*} = \frac{a-bh_m}{2b}$；随后，分析制造商的最优决策。将所

求得的 $p_{r,s}^{no*}$ 代入式（4-5），得 $\pi_m^{no} = \frac{(p_m - h_m)(a - bp_m)}{2} - (c + h_m)x$，则 $\frac{\partial \pi_m^{no2}}{\partial p_m^{no2}} = -b < 0$，因此，$\pi_m^{no}$ 在 $p_m^{no} \in [0, +\infty)$ 具有唯一的最优解 p_m^{no*}，由 p_m^{no*} 满足一阶偏导数最优条件 $\frac{\partial \pi_m^{no}}{\partial p_m^{no}} = 0$，有 $p_m^{no*} = \frac{a - bh_m}{2b}$。从而有 $p_r^{no*} = \frac{3a - bh_m}{4b}$。证毕。

将命题4-2中的结果分别代入制造商和零售商的目标函数，有：

$$\pi_m^{no*} = \frac{(a + bh_m)^2}{8b} - (c + h_m)x \tag{4-10}$$

$$\pi_r^{no*} = \frac{(a + bh_m)^2}{16b} \tag{4-11}$$

则无销售员促销分散决策模式下整个供应链系统收益为：

$$\pi_{sc}^{no*} = \frac{3(a + bh_m)^2}{16b} - (c + h_m)x \tag{4-12}$$

4.3 有销售员促销模型

有销售员促销时，制造商在了解销售员和零售商有关信息的基础上最优化自身收益，从而确定最优批发价格 p_m，给销售员的底薪为 α 和佣金为 β。销售员根据底薪和佣金额的信息，决定努力水平 e，零售商根据有关信息，判断其报价的合理性，然后决定接受合同与否。如果接受，零售商确定产品的零售价格为 p_r，订购量为 Q；如果拒绝，则需制造商重新报价，直到双方达成协议或终止合同。

则有销售员促销时的博弈模型为：

$$\max_{p_m,\alpha,\beta} \pi_m = p_m \min\{Q, x\} - cx - h_m[x - Q]^+ - c'[Q - x]^+ - \alpha - \beta Q \tag{4-13}$$

$$\text{s.t.}\ \mu(\pi_s)=\alpha+\beta Q-C(e)-r\beta^2\sigma^2/2\geqslant u_0 \tag{4-14}$$

$$e\in\arg\max_{e}\mu(\pi_s)=\alpha+\beta Q-C(e)-r\beta^2\sigma^2/2 \tag{4-15}$$

$$\text{s.t.}\ \pi_r=p_r\min\{D,Q\}-p_mQ-h_r[Q-D]^+-h_r'[D-Q]^+\geqslant 0 \tag{4-16}$$

$$p_r,Q\in\arg\max_{p_r,Q}\pi_r=p_r\min\{D,Q\}-p_mQ-h_r[Q-D]^+-h_r'[D-Q]^+ \tag{4-17}$$

在上述模型中，式（4-14）表示销售员的期望效用要不低于保留效用 u_0 ，否则，它不会接受制造商的合约，为销售员的个人理性约束。式（4-15）表示销售员的激励相容约束，即销售员选择努力水平以最大化期望效用。式（4-16）表示零售商的个人理性约束，即零售商期望收入不能低于其保留效用，这里，假设零售商的保留收益为零。式（4-17）为零售商的激励相容约束，即零售商决定零售价格和订购量来实现自身期望收益最大化，则有如下命题：

命题 4-3：在有销售员促销的供应链决策模式中，制造商批发价格 p_m^* ，零售商销售价格 p_r^* ，零售商订购量 Q^* ，给予销售员的底薪 α^* ，佣金 β^* ，销售员的努力 e^* 分别为：

$$\begin{cases}p_m^*=\dfrac{a+x-bh_m}{2b}\\ p_r^*=\dfrac{3a-x-bh_m}{4b}\\ Q^*=\dfrac{a+x+bh_m}{4}\\ \alpha^*=\dfrac{\gamma\sigma^2x^2-\lambda^2(a+bh_m)x}{8\lambda^4}+u_0\\ \beta^*=\dfrac{x}{2\lambda^2}\\ e^*=\dfrac{x}{2\lambda}\end{cases} \tag{4-18}$$

证明：有销售员促销时，零售商的订购量 $Q = Q_0 + \lambda e = \frac{a - bp_m}{2} + \lambda e$。零售商的最优决策为订购量等于需求量，即 $\frac{a - bp_m}{2} + \lambda e = a - bp_r$，从而

$$p_r = \frac{a + bp_m - 2\lambda e}{2b} \tag{4-19}$$

将式（4－19）代入零售商的目标函数式（4－4），有：

$$\pi_r = \frac{(a - bp_m - 2\lambda e)(a - bp_m + 2\lambda e)}{4b} \tag{4-20}$$

由零售商理性约束条件 $\pi_r \geqslant 0$，得：

$$p_m \leqslant \frac{a - 2\lambda e}{b} \tag{4-21}$$

销售员促销必要条件为制造商生产水平 $x \geqslant Q$，得：

$$p_m \geqslant \frac{a + 2\lambda e - 2x}{b} \tag{4-22}$$

结合式（4－21）和式（4－22）有：

$$\frac{a + 2\lambda e - 2x}{b} \leqslant p_m \leqslant \frac{a - 2\lambda e}{b} \tag{4-23}$$

则有：

$$e \leqslant \frac{x}{2\lambda} \tag{4-24}$$

将式（4－23）和式（4－24）代入制造商的目标函数，有：

$$\begin{aligned} &\max_{p_m,\beta} \pi_m = p_m Q - cx - h_m(x - Q) - W(\alpha,\beta) \\ &\text{s. t. } \frac{a + 2\lambda e - 2x}{b} \leqslant p_m \leqslant \frac{a - 2\lambda e}{b} \\ &e \leqslant \frac{x}{2\lambda} \end{aligned} \tag{4-25}$$

记 r_1、r_2、r_3 分别为与约束条件相应的拉格朗日（Lagrange）乘子，则有如下库恩—塔克（Kuhn－Tucker）最优性条件：

$$\begin{pmatrix} \dfrac{\partial L}{\partial p_m} \\ \dfrac{\partial L}{\partial \beta} \end{pmatrix} = \begin{pmatrix} -\dfrac{a - bh_m}{2} + bp_m - \lambda^2\beta \\ -(p_m + h_m)\lambda^2 + (\lambda^2 + r\sigma^2)\beta \end{pmatrix} - r_1\begin{pmatrix} 1 \\ -\dfrac{2\lambda^2}{b} \end{pmatrix} - r_2\begin{pmatrix} -1 \\ -\dfrac{2\lambda^2}{b} \end{pmatrix} -$$

$$r_3\begin{pmatrix} 0 \\ -\lambda \end{pmatrix} = 0$$

讨论求解得最优批发价格 $p_m^* = \dfrac{a + x - bh_m}{2b}$，佣金 $\beta^* = \dfrac{x}{2\lambda^2}$。证毕。

将命题 4－3 中最优解分别代入制造商和零售商的目标函数，有：

$$\pi_m^* = \frac{(a + x + bh_m)^2}{8b} - (c + h_m)x - \frac{(\lambda^2 + r\sigma^2)x^2}{8\lambda^4} - u_0 \quad (4-26)$$

$$\pi_r^* = \frac{(a + bh_m)^2 - x^2}{16b} \quad (4-27)$$

$$\pi_{sc}^* = \frac{(a + bh_m + x)[3(a + bh_m) + x]}{16b} - (c + h_m)x \quad (4-28)$$

4.4　有销售员促销激励模型和无销售员促销激励模型比较

第四章的第二节和第三节分析了有销售员促销时供应链决策模型和无销售员促销时供应链决策模型，本节对比分析两种情形下制造商、零售商和供应链系统收益，分析销售员促销对供应链绩效的影响。

命题 4－4：与无销售员促销情形相比，有销售员促销时零售商收益下降。存在 x_0，当 $x_0 < x < a$ 时，有销售员促销时制造商收益增加，当 $0 < x < x_0$ 时，有销售员促销时制造商收益下降。其中，

$$x_0 = \frac{-\lambda^4(a + bh_m) + \lambda^2\sqrt{\lambda^4(a + bh_m)^2 + 8u_0b[\lambda^4 - b(\lambda^2 + r\sigma^2)]}}{\lambda^4 - b(\lambda^2 + r\sigma^2)}。$$

证明：假设 $b(\lambda^2 + r\sigma^2) < \lambda^4$。若 $b(\lambda^2 + r\sigma^2) \geqslant \lambda^4$，讨论类似。为

方便仅考虑 $b(\lambda^2+r\sigma^2)<\lambda^4$ 情形。因 $\pi_m^*-\pi_m^{no*}=\dfrac{[\lambda^4-b(\lambda^2+r\sigma^2)]x^2+2\lambda^4(a+bh_m)x}{8b\lambda^4}-u_0$，比较分析即可得命题前半部分。又 $\pi_r^*-\pi_r^{no*}=-\dfrac{x^2}{16b}<0$。证毕。

命题4-4表明，有销售员促销时，若制造商的生产水平高于某个阈值，这里为 x_0，则制造商的收益会增加。当制造商生产水平低于该阈值时，制造商收益会降低。

命题4-5：在三种决策模式下，无销售员促销分散决策模式时，系统收益最低；当 $x>(\sqrt{5}-2)(a+bh_m)$ 时，有销售员促销时供应链系统收益大于无销售员促销时集中决策模式下的供应链收益；当 $x\leqslant(\sqrt{5}-2)(a+bh_m)$ 时，有销售员促销时供应链收益小于无销售员促销时集中决策模式下的供应链收益。

证明：比较式（4-8）、式（4-12）和式（4-28），有 $\pi_{sc,t}^{no*}-\pi_{sc}^{no*}=\dfrac{(a+bh_m)^2}{16b}>0$，$\pi_{sc}^*-\pi_{sc}^{no*}=\dfrac{4(a+bh_m)x+x^2}{16b}>0$，$\pi_{sc}^*-\pi_{sc,t}^{no*}=\dfrac{x^2+4(a+bh_m)x-(a+bh_m)^2}{16b}$。分析比较即可得。证毕。

命题4-5表明，当制造商的生产水平大于阈值 x_1 时，这里 $x_1=(\sqrt{5}-2)(a+bh_m)$，有销售员促销时，整个供应链系统收益有所增加。结合命题4-4和命题4-5可知，当制造商的生产水平大于 $\max\{x_0,x_1\}$ 时，销售员促销会增加制造商和整个供应链系统的收益。

4.5 数值模拟

上面给出了无销售员促销和有销售员促销两种激励情境下的决策模

型，求解并进行对比分析，但由于部分解的表达式烦琐，难以获得直观的结论，本节通过数值仿真，进一步分析两种激励情境下各种相关参数与解之间的关系，以期得到有用的结论指导实践运作。

下面给出参数值：$a = 100$，$b = 1.5$，$c = 1$，$\lambda = 1.5$，$r = 1$，$\sigma = 1$，$h_m = 1$，$\mu_0 = 500$。在上述参数不变的情形下，讨论制造商生产量 $x = \{20,22\cdots40\}$ 时零售价格和供应链成员收益的变化情况，具体如图 4－3 至图 4－5 所示。

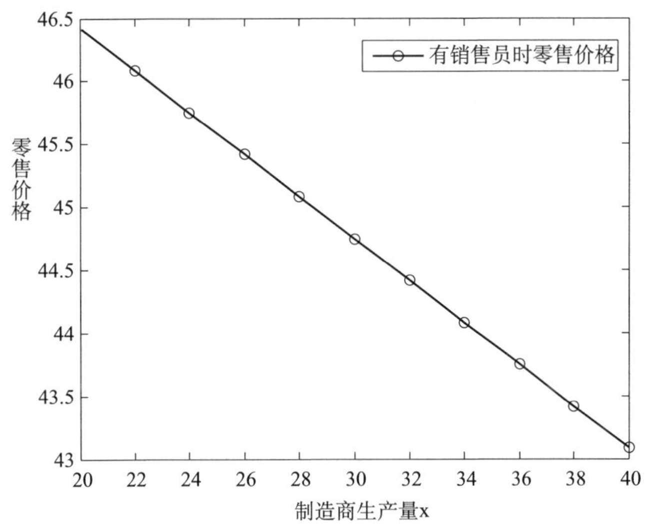

图 4－3　两种状态下零售价格比较

资料来源：笔者使用 Matlab 软件绘制而得。

无销售员促销集中决策模式下商品零售价格 $p_{r,s}^{no*} = 32.83$，无销售员促销分散决策模式下商品零售价格 $p_r^{no*} = 49.75$。结合图 4－3，有 $p_{r,s}^{no*} < p_r^* < p_r^{no*}$。即无销售员促销集中决策模式下商品销售价格最低，无销售员促销分散决策模式下商品销售价格最高，有销售员促销时商品销售价格介于两者之间。观察图 4－3 可以发现，有销售员促销时商品的零售价格随着生产量的增加而降低。这是因为批量生产时商品的边际成

本下降，零售价格也相应下降。

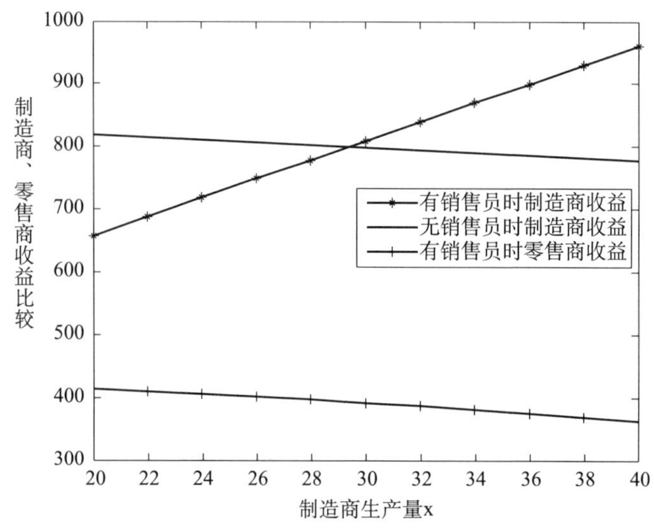

图 4－4　两种状态下供应链成员收益比较

资料来源：笔者使用 Matlab 软件绘制而得。

观察图 4－4 可以发现，若生产量 $0 < x < x_0 = 29.40$ 时，有销售员促销时的制造商收益低于无销售员促销时的制造商收益，若生产量 $29.40 = x_0 < x < a = 100$ 时，有销售员促销时的制造商收益高于无销售员促销时的制造商收益。有销售员促销时的零售商收益小于无销售员促销分散决策模式下的零售商收益 $\pi_r^{no*} = 429.26$。这和命题 4－4 结论一致。

观察图 4－5 可以发现，若生产量 $0 < x < 23.97$ 时，有销售员促销时系统收益低于无销售员促销集中决策时系统收益，若生产量 $23.97 = x_0 < x < a = 100$ 时，有销售员促销时的系统收益高于无销售员促销时的系统收益。无销售员促销分散决策时的系统收益最低。这和命题 4－5 的结论一致。

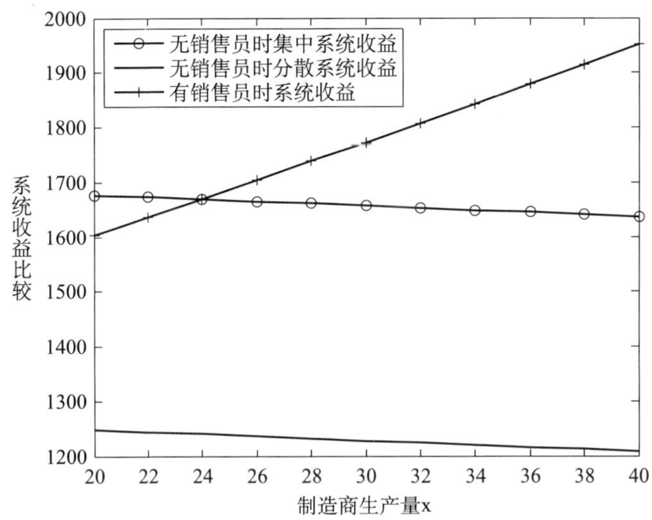

图 4 – 5　两种状态下供应链系统收益比较

资料来源：笔者使用 Matlab 软件绘制而得。

4.6　本章小结

本章考虑了制造商—销售员—零售商供应链结构中销售员的补偿问题，并在相应的参数定义、模型假设和需求分析基础上，构建无销售员促销、有销售员促销的供应链中相关企业的博弈模型，分析销售员促销对供应链绩效的影响。本章还通过 Matlab 数值模拟，验证了理论结果的有效性。具体结论如下。

无销售员促销集中决策模式下商品销售价格最低，无销售员促销分散决策模式下商品销售价格最高，有销售员促销时商品销售价格介于两者之间。有销售员促销时商品的零售价格随着生产量的增加而降低。

若生产量小于某一阈值时，有销售员促销时的制造商收益低于无销售员促销时的制造商收益，有销售员促销时的系统收益低于无销售员促销集中决策时的系统收益；若生产量大于该阈值时，有销售员促销时的制造商收益高于无销售员促销时的制造商收益，有销售员促销时的系统收益高于无销售员促销时的系统收益。而有销售员促销时的零售商收益总是小于无销售员促销分散决策模式下的零售商收益；无销售员促销分散决策时的系统收益最低。

第5章 零售商销售员激励模型

经济全球化和知识经济的影响日趋加速和深入，国际化竞争等改变了企业的外部环境和竞争规则。单个企业掌控的资源、具备的技术和能力是有限的，需要与上下游企业协同合作，共同应对激烈的市场竞争。在此背景下，制造商和零售商协同合作现象更为普遍，且有更多方位的协同合作，由最初的基于供应链的物流和资金流，拓展到基于信息系统和供应链的物流、信息流、资金流和人流。

制造商经常通过零售商、零售商又依赖销售员将商品销售给顾客。故而，有必要考虑制造商、零售商和销售员组成的三层供应链系统的销售员的激励问题。

本章通过博弈论和委托代理理论，考虑制造商、零售商和销售员三级供应链系统，制造商生产两种商品，分别构建了制造商给予销售员产品激励的协同激励模型和仅零售商给予销售员激励的传统激励模型。给出了两种激励情形下的契约设计，并进行对比分析。

5.1 问题描述及符号说明

5.1.1 基本假设与符号说明

本章研究的供应链系统由制造商、零售商和销售员组成，假设供应链渠道由制造商主导。制造商生产两种相互独立的商品，并委托零售商进行产品销售，零售商又委托销售员销售商品给顾客。这是一个多层委托代理问题：制造商为委托人；零售商既是委托人，同时也是代理人；销售员为代理人。假设制造商和零售商风险中性，销售员风险规避。

借鉴拉马纳坦（Ramanathan，2014），第 $i(i=1,2)$ 种产品销量 q_i 与销售员努力水平 e_i 及市场随机因素 ε_i 有关，表示为 $q_i = k_i e_i + \varepsilon_i$ ，k_i 为第 i 种商品的努力反应系数，假设 $k_1 > k_2$ ，即付出同样的努力，商品 1 销售量大于商品 2 的销售量，可以理解为商品 2 比商品 1 难卖。随机因素 ε_i 服从均值为 0，方差为 σ^2 的正态分布。

销售员付出努力的成本 $C(e_i)$ 与努力水平 e_i 有关，并且，$C(e_i)$ 是 e_i 的增函数，且随着 e_i 的增加，$C(e_i)$ 增加的幅度更大。参考陈（Chen，2005），$C(e_i) = \frac{1}{2}e_i^2$ 。假设销售员只有两种努力状态：低努力状态 L 与高努力状态 H 。对应的努力水平分别为 e_L 、e_H ，则销售员低努力成本为 $C(e_L) = \frac{1}{2}e_L^2$ 、销售员高努力成本为 $C(e_H) = \frac{1}{2}{e_H}^2$ 。

界定协同激励为制造商、零售商均给予销售员激励，如图 5－1 所示。制造商一方面，给予零售商分成激励 ρ ；另一方面，又基于不同产品而给予销售员激励 $\lambda_i(i=1,2)$ 。零售商给予销售员的激励为底薪和佣金的组合，不失一般性，假设零售商给予销售员的薪酬合约为 $T_i(\alpha,\beta) = \alpha + \beta q_i$ ，α 为底薪，β 为售出单位产品的佣金。

界定传统激励为仅有零售商给予销售员激励，如图 5－2 所示。其中，制造商给予零售商分成激励，零售商给予销售员薪资激励。可以看出，传统激励为协同激励的一个特例，即此时制造商给予销售员的激励系数为零。故而本章先给出协同激励模型的构建与求解，传统激励模型的构建求解方法与之类似。为建模方便，下面，先给出供应链成员的收益函数。

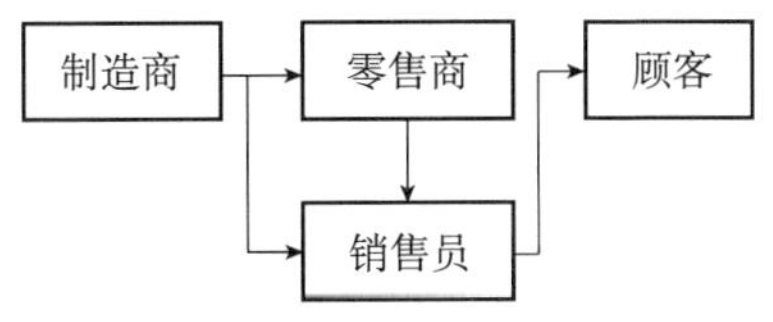

图 5-1　协同激励的供应链

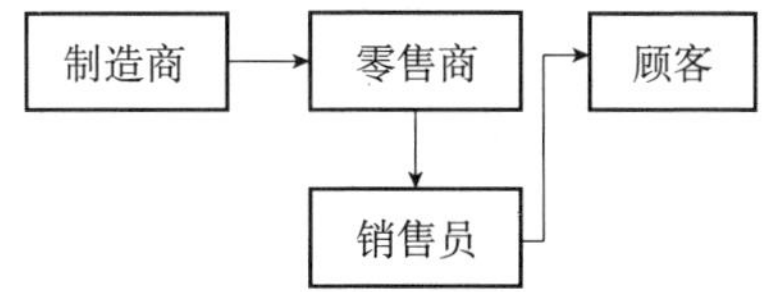

图 5-2　传统激励的供应链

资料来源：笔者整理绘制而得。

5.1.2　制造商、零售商和销售员收益表达式

5.1.2.1　制造商收益

制造商的收益为销售收入与给予零售商和销售员的激励之差，由于制造商风险中性，则其期望收益 π_M 为：

$$\pi_M = \sum_{i=1}^{2}(1-\rho-\lambda_i)\bar{q}_i \tag{5-1}$$

在式（5-1）中，$\bar{q}_i$ 为第 i 种产品的期望销量。

5.1.2.2　零售商收益

零售商的收益为销售收入减去给予销售员的薪资，零售商风险中性，故而零售商期望收益 π_R 为：

$$\pi_R = \sum_{i=1}^{2}(\rho-\beta)\bar{q}_i - \alpha \tag{5-2}$$

5.1.2.3　销售员期望效用

销售员的期望收益 π_S 为零售商给予的薪资与制造商给予的激励之和，再减去服务成本，即 $\pi_S = \sum_{i=1}^{2}\left[(\beta+\lambda_i)\bar{q}_i - C(e_i)\right] + \alpha$。假设销售员效用函数具有不变绝对风险规避特征，即 $\mu(\pi_S) = -e^{-r\pi_S}$，其中，r =-

μ''/μ' 是绝对风险规避系数。采用确定性等价原理，可得销售员期望效用函数 $\mu(\pi_S)$ 为：

$$\mu(\pi_S) = \sum_{i=1}^{2}\left[(\beta+\lambda_i)\bar{q}_i - \frac{r\sigma^2}{2}(\beta+\lambda_i)^2 - C(e_i)\right] + \alpha \quad (5-3)$$

在式（5-3）中，$\frac{r\sigma^2}{2}(\beta+\lambda_i)^2$ 为销售员的风险成本，即在期望收益中放弃 $\frac{r\sigma^2}{2}(\beta+\lambda_i)^2$ 的收入以换取其确定性收益。

5.2 供应链协同激励模型

在协同激励模式下，制造商给予零售商激励合同，并给予销售员补偿合同，零售商给予销售员激励合同。博弈顺序如下：制造商先做决策，设计给零售商的分成系数 ρ 和销售员的激励系数 λ_1 、λ_2 。零售商观察合约后决定接受合同与否，如果不接受，则博弈结束；如果接受，则给出销售员底薪 α 、佣金 β 。销售员观察到合同后，决定接受合同与否，如果不接受，博弈结束；如果接受，则选择两种商品努力水平 e_1 、e_2 。供应链系统由制造商主导，则制造商和零售商协同激励销售员的博弈模型为：

$$\max_{\rho,\eta} \pi_M = \sum_{i=1}^{2}(1-\rho-\lambda_i)\bar{q}_i \quad (5-4)$$

$$\text{s.t.} \sum_{i=1}^{2}(\rho-\beta)\bar{q}_i - \alpha \geqslant 0 \quad (5-5)$$

$$\max_{\alpha,\beta} \pi_R = \sum_{i=1}^{2}(\rho-\beta)\bar{q}_i - \alpha \quad (5-6)$$

$$\text{s.t. } E\mu \geqslant \mu_0 \quad (5-7)$$

$$\max_{e_i} \mu(\pi_S) = \sum_{i=1}^{2}\left[(\beta+\lambda_i)\bar{q}_i - \frac{r\sigma^2}{2}(\beta+\lambda_i)^2 - C(e_i)\right] + \alpha \quad (5-8)$$

在上述模型中，式（5-5）表示零售商的收益要非负，否则，零售商不会接受制造商的合约，为零售商的个人理性约束（individual rationality constraint，IR）。式（5-6）为零售商的激励相容约束（incentive compatibility constraint，IC），即零售商选择给予销售员的底薪 α 和佣金 β 来实现自身期望收益的最大化。式（5-7）为销售员的个人理性约束，即销售员的期望收入不能低于其保留效用 μ_0，否则，他不会接受零售商的合约。式（5-8）为销售员的激励相容约束，即销售员决定努力水平以最大化期望效用。采用逆向归纳法对模型进行求解，有如下命题：

命题5-1：在协同激励下，制造商给予零售商的分成系数为 ρ^*，给予销售员的产品激励系数为 $(\lambda_1^*,\lambda_2^*)$，零售商给予销售员的底薪和佣金为 (α^*,β^*)，销售员两种商品的努力水平 (e_1^*,e_2^*) 为：

$$\rho^* = \frac{e_H + e_L}{2k_1} + \frac{r\sigma^2(e_H + e_L)^2}{4k_1k_2(k_1 + k_2)(e_H - e_L)} \tag{5-9}$$

$$\lambda_1^* = 0, \lambda_2^* = \frac{e_H + e_L}{2}\left(\frac{1}{k_2} - \frac{1}{k_1}\right) \tag{5-10}$$

$$\alpha^* = \mu_0 - e_He_L + \frac{r\sigma^2(e_H + e_L)^2}{8}\left(\frac{1}{k_1^2} + \frac{1}{k_2^2}\right), \beta^* = \frac{e_H + e_L}{2k_1} \tag{5-11}$$

$$e_1^* = e_2^* = e_H \tag{5-12}$$

证明：由假设可知，销售员只有低努力L与高努力H两种努力状态，零售商只销售两种商品，故而销售员两种商品的努力状态只有LL、HL、LH、HH四种情况。LL表示销售员对两种商品均低努力；HL表示销售员对第一种商品高努力，对第二种商品低努力；LH表示销售员对第一种商品低努力，对第二种商品高努力；HH表示销售员对两种商品均高努力。则销售员的期望效用 u_{ij} 为：

$$u_{ij} = (\beta_{ij} + \lambda_1)k_1e_i - \frac{r\sigma^2}{2}(\beta_{ij} + \lambda_1)^2 + (\beta_{ij} + \lambda_2)k_2e_j - \frac{r\sigma^2}{2}(\beta_{ij} + \lambda_2)^2 - \frac{1}{2}e_i^2 - \frac{1}{2}e_j^2 + \alpha \tag{5-13}$$

在式（5－13）中，$i, j \in (L, H)$。

若零售商希望销售员对两种商品均低努力（LL），则求解下述模型：

$$\begin{cases} \max \quad \pi_{R-LL} = (\rho - \beta_{LL})k_1e_L + (\rho - \beta_{LL})k_2e_L - \alpha \\ \text{s.t.} \quad u_{LL} \geq u_0 \end{cases} \tag{5-14}$$

在式（5－14）中，π_{R-LL} 和 u_{LL} 分别为销售员对两种商品均低努力时，零售商的期望收益和销售员的期望效用。β_{LL} 为销售员对两种商品均低努力时，零售商给予销售员的佣金。

若零售商希望销售员对第一种商品高努力，对第二种商品低努力（HL），则求解下述模型：

$$\begin{cases} \max \quad \pi_{R-HL} = (\rho - \beta_{HL})k_1e_H + (\rho - \beta_{HL})k_2e_L - \alpha \\ \text{s.t.} \quad u_{HL} \geq u_{LL}, u_{HL} \geq u_0 \end{cases} \tag{5-15}$$

在式（5－15）中，π_{R-HL} 和 u_{HL} 分别为销售员对第一种商品高努力、对第二种商品低努力时，零售商的期望收益和销售员的期望效用。β_{HL} 为该状态下，零售商给予销售员的佣金。若零售商希望销售员努力状态为 HL，必须保证销售员在该状态下获得的期望效用不低于 LL 努力状态下的期望效用，即为式（5－15）的第一个约束条件。式（5－15）的第二个约束条件表示 HL 努力状态下期望效用不低于保留效用。

若零售商希望销售员对第一种商品低努力，对第二种商品高努力（LH），则求解下述式子：

$$\begin{cases} \max \quad \pi_{R-LH} = (\rho - \beta_{LH})k_1e_L + (\rho - \beta_{LH})k_2e_H - \alpha \\ \text{s.t.} \quad u_{LH} \geq u_{LL}, u_{LH} \geq u_0 \end{cases} \tag{5-16}$$

在式（5－16）中，π_{R-LH} 和 u_{LH} 分别为销售员对第一种商品低努力、对第二种商品高努力时，零售商的期望收益和销售员的期望效用。β_{LH} 为该状态下，零售商给予销售员的佣金。若零售商希望销售员努力状态为 LH，必须保证销售员在该状态下获得的期望效用不低于 HL 努力状态下和 LL 努力状态下的期望效用，即为式（5－16）的第一个约束条件。

若零售商希望销售员两种商品均为高努力（HH），则求解下述式子：

$$\begin{cases} \max \quad \pi_{R-HH} = (\rho - \beta_{HH})k_1 e_H + (\rho - \beta_{HH})k_2 e_H - \alpha \\ s.t. \quad u_{HH} \geqslant u_{HL}, u_{HH} \geqslant u_{LH}, u_{HH} \geqslant u_{LL}, u_{HH} \geqslant u_0 \end{cases} \tag{5-17}$$

在式（5－17）中，π_{R-HH} 和 u_{HH} 分别为销售员对两种商品均高努力时，零售商的期望收益和销售员的期望效用。β_{HH} 为该状态下，零售商给予销售员的佣金。若零售商希望销售员努力状态为 HH，必须保证销售员在该状态下获得的期望效用不低于在 LH、HL 和 LL 努力状态下的期望效用，即为式（5－17）的第一个约束条件。

而制造商期望销售员的两种商品均为高努力，故而求解下述式子：

$$\begin{cases} \max \quad \pi_{M-HH} = (1 - \rho - \lambda_1)k_1 e_H + (1 - \rho - \lambda_2)k_2 e_H \\ s.t. \quad \pi_{R-HH} \geqslant \pi_{R-HL}, \pi_{R-HH} \geqslant \pi_{R-LH}, \pi_{R-HH} \geqslant \pi_{R-LL} \end{cases} \tag{5-18}$$

式（5－18）为制造商和零售商的博弈模型，在式（5－18）中，π_{M-HH} 为销售员对两种商品均高努力时，制造商的期望收益。若制造商希望销售员努力状态为 HH，必须保证销售员在该状态下零售商获得的期望效用不低于在 LH、HL 和 LL 努力状态下的期望收益，即为式（5－18）的约束条件。

不失一般性，以求解式（5－15）为例，来说明非线性规划模型式（5－14）～式（5－18）的求解方法。记式（5－15）的拉格朗日函数为 L，约束条件的拉格朗日乘子为 γ_1、γ_2，则有如下的库恩—塔克最优性条件：

$$\begin{pmatrix} \frac{\partial L}{\partial \alpha} \\ \frac{\partial L}{\partial \beta} \end{pmatrix} = \begin{pmatrix} 1 \\ k_1 e_H + k_2 e_L \end{pmatrix} - \gamma_1 \begin{pmatrix} 0 \\ k_1(e_H - e_L) \end{pmatrix} -$$

$$\gamma_2 \begin{pmatrix} 1 \\ k_1 e_H + k_2 e_L - r\sigma^2(\lambda_1 + \lambda_2) - 2r\sigma^2\beta \end{pmatrix} = 0$$

从而可得 $\beta_{HL} = \frac{e_H + e_L}{2k_1} - \lambda_1$，代入式（5－13）即可求得 α_{HL}，类似地，可以求解其他非线性规划模型，这里不再赘述。证毕。

命题5－1中的结果 $\lambda_1^* = 0$、$\lambda_2^* > 0$，说明制造商作为供应链渠道的主导者，针对较难销售的商品会给予销售员激励。并且，会通过合约的设计使得销售员对两种商品均高努力时，零售商的期望收益和销售员的期望效用均高于其他努力组合时的期望和效用。也就是说，制造商通过对零售商和销售员的激励，来引导销售员对销售两种商品均有积极性，从而提高自身收益。

5.3 传统激励模型

上节给出了协同激励情形下的契约设计，传统激励情形为协同激励的特殊情况，即制造商对销售员的激励 $\lambda_1^{no} = \lambda_2^{no}$。则该情形下，制造商、零售商和销售员博弈顺序如下：首先，制造商给出零售商合同，确定零售商分成系数 ρ^{no}；然后，零售商决定接受合同与否，如果不接受，则博弈结束；如果接受，则给出销售员底薪 α^{no} 和佣金 β^{no}；最后，销售员观察到合同后，决定接受合同与否，如果不接受，博弈结束；如果接受，则选择两种商品的努力水平 e_1^{no} 和 e_2^{no}。类似协同激励模型的建立与求解，有如下命题。

命题5－2：在传统激励下，制造商给予零售商的分成系数 ρ^{no*}，零售商给予销售员的底薪和佣金（α^{no*},β^{no*}），销售员对两种商品的努力水平（e_1^{no*},e_2^{no*}）为：

$$\rho^{no*} = \frac{e_H + e_L}{k_1 + k_2} + \frac{r\sigma^2 (e_H + e_L)^2}{4k_2^2(k_1 + k_2)(e_H - e_L)} \tag{5-19}$$

$$\alpha^{no*} = \mu_0 + \frac{e_H}{2}\left[\left(1 - \frac{k_1}{k_2}\right)e_H - \left(1 + \frac{k_1}{k_2}\right)e_L\right] + \frac{r\sigma^2 (e_H + e_L)^2}{4k_2^2},$$

$$\beta^{no*} = \frac{e_H + e_L}{2k_2} \tag{5-20}$$

$$e_1^{no*} = e_2^{no*} = e_H \tag{5-21}$$

由命题 5－2 可知，制造商作为渠道的主导者，在不给予销售员激励的情形下，也会通过对零售商和销售员的激励来引导销售员对两种商品均为高努力，从而提高自身收益。

5.4　两种激励模型比较

本章第二节和第三节给出了协同激励和传统激励两种情形下的契约设计，本节对两种激励均衡解进行比较可得：

命题 5－3： 与传统激励相比，协同激励时制造商给予零售商的分成系数减少。

证明：由式（5－9）、式（5－19）可知，制造商给予零售商的分成系数在两种状态下的差额为 $\rho^* - \rho^{no*} = \frac{r\sigma^2 (e_H + e_L)^2}{4k_2(k_1 + k_2)(e_H - e_L)}\left(\frac{1}{k_1} - \frac{1}{k_2}\right) + \frac{e_H + e_L}{2(k_1 + k_2)}\left(\frac{k_2}{k_1} - 1\right) < 0$。证毕。

由命题 5－3 可知，制造商给予零售商的分成系数减少。这是因为制造商既要激励销售员又要平衡自身收益，只能从给予零售商的分成中抽取一部分用以激励销售员。

命题 5－4：与传统激励相比，协同激励时零售商给予销售员的佣金减少；当 $r < r_0$ 时，底薪增加。当 $r > r_0$ 时，底薪减少。当 $r = r_0$ 时，底薪不变。这里，$r_0 = \dfrac{4k_1^2k_2e_H}{(e_H + e_L)(k_1 + k_2)\sigma^2}$。

证明：由式（5－11）和式（5－20）可知，$\beta^* - \beta^{no*} = \dfrac{e_H + e_L}{2k_1} - \dfrac{e_H + e_L}{2k_2} < 0$，$\alpha^* - \alpha^{no*} = \dfrac{1}{8}(e_H + e_L)\left[r\sigma^2(e_H + e_L)\left(\dfrac{1}{k_1^2} - \dfrac{1}{k_2^2}\right) - 4e_H\left(1 - \dfrac{k_1}{k_2}\right)\right]$，从而可得命题 5－4。证毕。

制造商给予零售商的分成系数减少。相应地，零售商也会减少给予销售员的佣金。由命题 5－1 和命题 5－2 可知，在两种激励情形下，零售商给予销售员的底薪均是销售员风险规避系数的严格单调递增函数，即风险规避系数越大，零售商给予销售员的底薪越高。由命题 5－4 可知，若风险规避系数较大，在协同激励时，零售商给予销售员的底薪会减少；若风险规避系数较小，底薪会相应增加。这是因为风险规避系数较大时，无论何种情形下，底薪均较高，而协同激励时，销售员得到了制造商的激励，可以看作一种补偿，从而可以抵消底薪下降带来的负效用。

命题 5－5：供应链协同激励时，制造商收益增加，零售商收益下降，供应链系统收益增加。

证明：将式（5－9）～式（5－12）、式（5－19）～式（5－21）分别代入式（5－1）、式（5－2）可得：两种情形下制造商收益之差为，$\pi_M^* - \pi_M^{no*} = \sum_{i=1}^{2}(\rho^{no*} - \rho^* - \lambda_i)q_i = \dfrac{r\sigma^2(e_H + e_L)^2e_H}{4k_2(e_H - e_L)}\left(\dfrac{1}{k_2} - \dfrac{1}{k_1}\right) > 0$，零售商收益之差为，$\pi_R^* - \pi_R^{no*} = \dfrac{r\sigma^2(e_H + e_L)^2}{8}\left(\dfrac{1}{k_2} - \dfrac{1}{k_1}\right)\left[\dfrac{1}{k_1} - \dfrac{e_H + e_L}{k_2(e_H - e_L)}\right] < 0$。协同激励和传统激励时，供应链系统收益分别为 $\pi_{sc}^* = \pi_M^* + \pi_R^*$，$\pi_{sc}^{no*} = \pi_M^{no*} + \pi_R^{no*}$，则两种情形下供应链系统收益之差为，$\pi_{sc}^* - \pi_{sc}^{no*} =$

$\frac{r\sigma^2(e_H+e_L)^2}{8}(\frac{1}{k_2^2}-\frac{1}{k_1^2})>0$。证毕。

制造商是渠道的主导者，故而实施对自己有利的激励方式。零售商的收益降低，可能会影响供应链的协调，但整个供应链系统的收益增加，实现了双赢。同时，制造商可以实施如有关顾客满意度的补贴项目，同零售商分享收益使双方收益均增加，实现供应链的协调，进而达到多赢。

5.5　数值模拟

本章第四节给出了两种激励情境下的契约设计，并进行比较分析。但由于部分均衡解表达式繁琐，难以获得直观的结论，本节通过数值仿真，进一步对比、分析两种激励模式均衡解之间的关系。

下面，给出如表 5－1 所示的参数，见图 5－3～图 5－6。

表 5－1　模型参数

参数	k_1	k_2	e_H	e_L	σ	r	μ_0
数值	6.0	3.0	3.0	1.0	2.0	3.1，3.2，…，4.0	3.5

资料来源：笔者绘制。

从图 5－3 可以看到，协同激励时底薪增加，佣金减少。此时，风险规避系数 $r<\frac{4k_1^2k_2e_H}{(e_H+e_L)(k_1+k_2)\sigma^2}=9$，与命题 5－4 的条件相符。观察图 5－3 还可以发现，协同激励时制造商给予零售商的分成系数小于传统激励时的分成系数，验证了命题 5－3。同时可以发现，两种激励情形下，分成系数均随着销售员风险规避系数的增加而增加。这是因为销售员风险规避系数增加，零售商给予销售员的底薪也增加，因而零售商必须得到制造商更多的分成用以保证个人理性约束。

观察图 5－5 可以发现，协同激励时制造商的收益增加，零售商的收益下降，整个供应链系统的收益增加，验证了命题 5－5。同时可以发现，随着风险规避系数的增加，两种情形下制造商的利润之差、零售商的利润之差、系统的利润之差均增加。

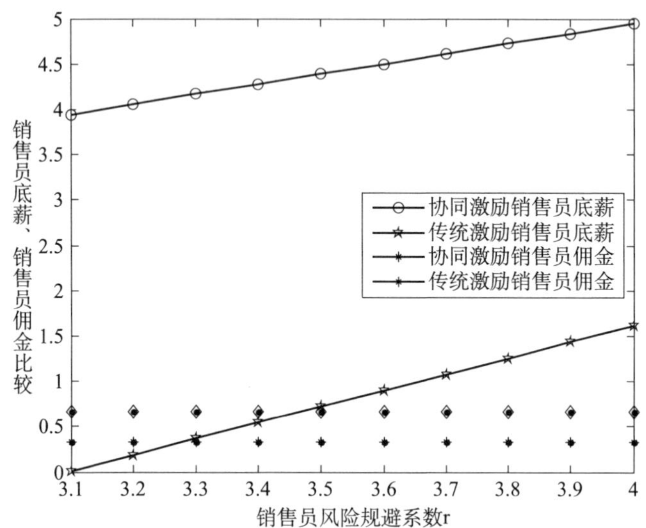

图 5－3　两种状态下销售员薪资比较

资料来源：笔者使用 Matlab 软件绘制而得。

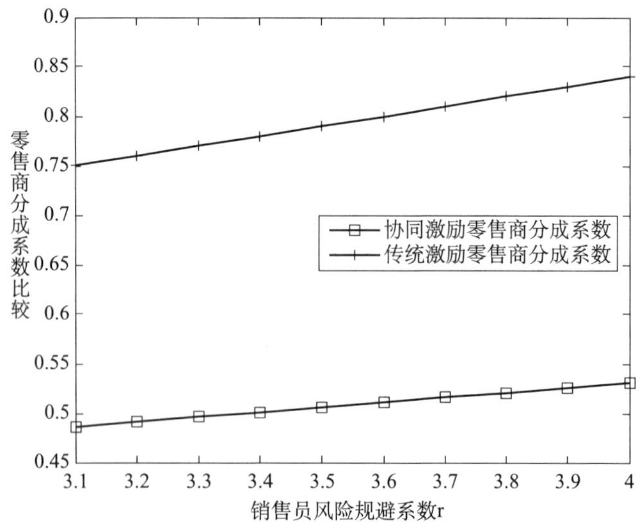

图 5－4　两种状态下零售商分成系数比较

资料来源：笔者使用 Matlab 软件绘制而得。

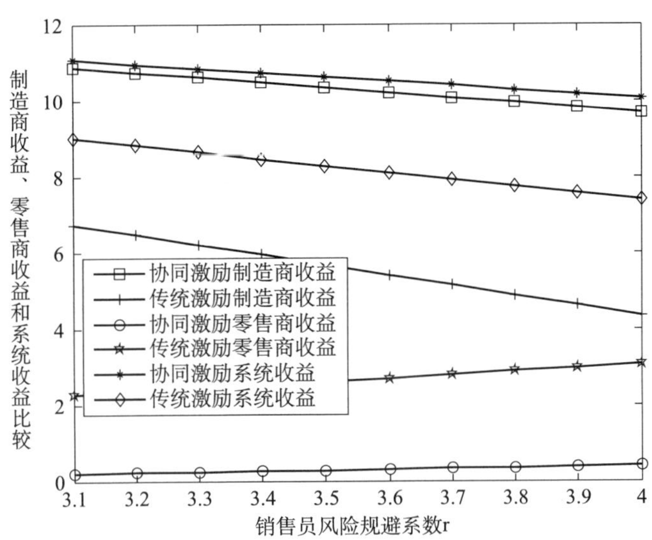

图 5－5　两种状态下供应链成员收益比较

资料来源：笔者使用 Matlab 软件绘制而得。

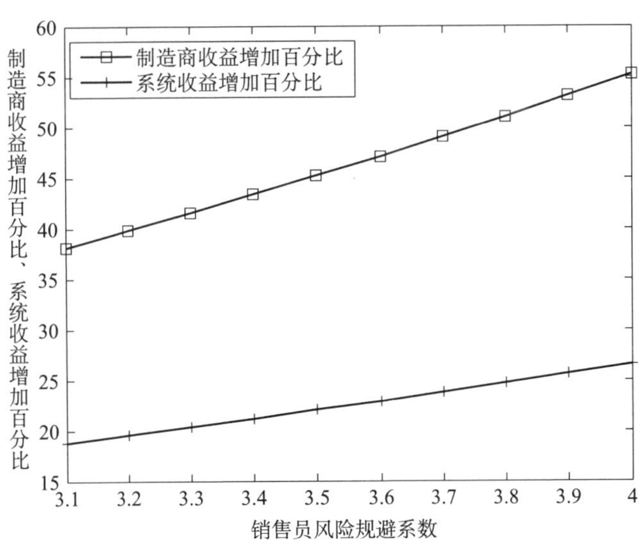

图 5－6　制造商收益增加百分比和系统收益增加百分比

资料来源：笔者使用 Matlab 软件绘制而得。

在图 5－6 中，制造商收益增加百分比 $p_M = (\pi_M^* - \pi_M^{no*})/\pi_M^*$，系统收益增加百分比 $p_S = (\pi_{sc}^* - \pi_{sc}^{no*})/\pi_{sc}^*$。观察图 5－6 可以发现，$38\% < p_M < 55\%$，在两种激励情形下，制造商收益增加介于 38% 与 55% 区间，收益平均增加 46%；$18\% < p_S < 26\%$，系统收益增加介于 18% 与 26% 区间，系统收益平均增加 22%。总之，协同激励时，制造商和系统平均收益增加均超过 10%。

5.6 本章小结

本章考虑了制造商、零售商和销售员组成的供应链系统，在追求制造商收益最大化的基础上，构建了协同激励和传统激励两种激励模型，分析了不同激励方式对供应链绩效的影响，并对比了两种情形下的契约设计和供应链成员的收益情况。通过分析，得出了一系列结论。

与传统激励相比，协同激励时制造商给予零售商的佣金减少；零售商给予销售员的佣金减少，底薪则由销售员的风险规避系数而定；制造商收益增加，零售商收益下降，整个供应链系统的收益增加。这些结论丰富了供应链管理理论，为企业决策提供了重要的启示。

本章的主要贡献在于，以一个崭新视角即销售员的激励方式对供应链绩效的影响展开研究，体现了销售员合理激励的重要性。需要提及的是，产品的价格也是影响需求的一个因素，综合考虑价格和销售员努力对需求的影响会使得模型更加复杂，但在理论、实际上都具有重要的意义。同时，本书中没有考虑渠道成员的生产运营成本，这些问题将在后续研究中逐步考虑。

第6章 考虑多努力维度的销售员激励模型研究

销售员的努力影响市场需求和顾客满意进而影响企业收益，因此，企业需要设计合适的契约激励销售员提高努力水平。学者们从不同角度出发，对销售员的激励问题进行了广泛研究。然而，这些研究均假设销售努力是一维的。事实上，根据努力产生效果的不同，销售努力应该是多维的，如提高当前销量的努力和提高将来销量的努力。那么，公司该如何兼顾努力维度，并设计销售员激励契约，进而提高供应链系统的绩效？

豪瑟（Hauser，1994）和丁川（2009）均指出，销售员的努力分为两个维度。一类为短期努力，能够增加产品当前的销售量，这类努力多是劝说式的、刺激需求迅速增长的短期手段；另一类为长期努力，增加产品将来的需求量，这类努力多是提高产品品牌的声誉、增加顾客满意度的长期手段。卡拉（Kalra，2003）认为，顾客满意与销售员的长期努力密切相关，企业若期望提高顾客满意度，可以通过激励销售员实施长期努力而实现。从可查阅文献看，考虑努力维度的销售员激励契约设计研究大多是基于二级供应链，鲜见在三级供应链系统或者多级供应链系统中考虑多努力维度的销售员激励契约设计的研究。

基于此，本章考虑制造商、零售商、销售员和顾客组成的供应链系统，将销售努力分为短期努力和长期努力两个维度，分别构建制造商给予销售员长期努力激励的协同激励模型和仅零售商给予销售员激励的传统激励模型。给出两种激励情形下的契约设计，并作对比分析。最后，通过数值仿真验证结论的有效性。

6.1 问题描述及符号说明

本章研究的供应链系统是由制造商、零售商、销售员和顾客组成。制造商委托零售商进行产品销售，零售商又委托销售员销售商品给顾客。这是一个多层委托代理问题：制造商为委托人；零售商既是委托人，同时也是代理人；销售员为代理人。假设制造商和零售商风险中性，销售员风险规避。

本章考虑对称信息和信息不对称两种信息状态，传统激励和协同激励两种激励模式。其中的对称信息是指，零售商可以观测到销售员的努力水平。界定传统激励为仅有零售商给予销售员激励，如图 6 - 1 所示。其中，制造商给予零售商分成激励，零售商给予销售员薪资激励。界定协同激励为制造商、零售商均给予销售员激励，如图 6 - 2 所示。制造商一方面，给予零售商分成激励；另一方面，又基于顾客满意而给予销售员长期努力激励。其中，制造商给予销售员的激励为长期努力的一种补偿，而制造商无法观测到销售员付出的长期努力水平，只能从可观测到的顾客满意来衡量，故而基于顾客满意而给予销售员长期努力补偿。为建模方便，下面先给出符号说明。

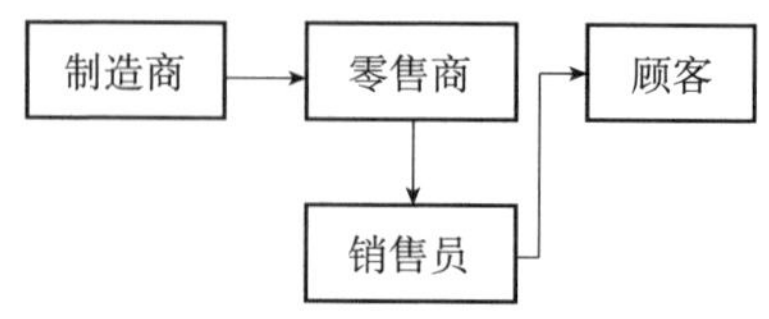

图 6 - 1　传统激励模型

资料来源：笔者整理绘制而得。

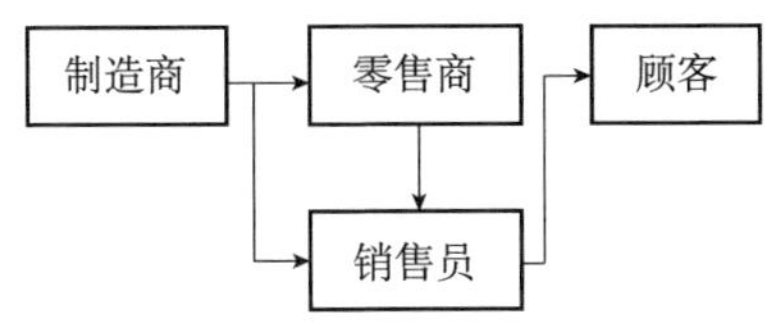

图 6－2　协同激励模型

资料来源：笔者整理绘制而得。

记 $i \in \{T,C\}$，T 表示传统激励，C 表示协同激励；$j \in \{0,1\}$，0 表示对称信息，1 表示信息不对称。本书考虑四种状态下的激励模型，分别为对称信息传统激励模型、对称信息协同激励模型、信息不对称传统激励模型和信息不对称协同激励模型，如表 6－1 所示。

表 6－1　四种激励模式

激励模式	对称信息	信息不对称
传统激励	对称信息传统激励	信息不对称传统激励
协同激励	对称信息协同激励	信息不对称协同激励

将销售员的努力分为短期努力 a_{ij} 和长期努力 b_{ij}。短期努力，只是增加当前的销量，不影响公司的品牌形象。长期努力，增加顾客满意度，不影响当前的销量，但提升公司的品牌形象。因长期努力具有滞后性，故而考虑制造商、零售商和销售员的两阶段总收益。第一阶段销售员付出的长期努力体现在第二阶段的销量上，第二阶段为终止阶段，故不考虑此阶段销售员所付出的努力。

第 $k(k=1,2)$ 阶段，产品销量 q_k 与销售地区市场状态 g_k、销售努力 $e_k=\{a,b\}$ 以及市场随机因素 ε_k 有关，表示为 $q_k=g_k+e_k+\varepsilon_k$，其中，随机项 $\varepsilon_{k,ij} \sim N(0,\sigma_k^2)$。则第一阶段销量 $q_{1,ij}=g_1+a_{ij}+\varepsilon_{1,ij}$，第二阶段销量 $q_{2,ij}=g_2+b_{ij}+\varepsilon_{2,ij}$。为使后续模型计算简便，令 $g_k=0$。

销售员付出努力的成本 $C(e_k)$ 与努力水平 e_k 有关，并且，$C(e_k)$ 是 e_k 的增函数，且随着 e_k 的增加，$C(e_k)$ 增加的幅度更大。参考陈（Chen,

2005），假设 $C(e_k) = \frac{1}{2}e_k^2$ 。则销售员的长期努力成本、短期努力成本分别为 $C(b_{ij}) = \frac{1}{2}b_{ij}^2$, $C(a_{ij}) = \frac{1}{2}a_{ij}^2$ 。

根据豪瑟（Hauser，1994）的研究，顾客满意 s 可以用销售员的长期性努力和随机项来刻画，即 $s_{ij} = b_{ij} + \varepsilon_{s,ij}$ ，其中，$\varepsilon_{s,ij}$ 服从均值为 0，方差为 σ_s^2 的正态分布。零售商给予销售员的激励为底薪和佣金的组合，不失一般性，假设零售商给予销售员的薪酬合约为 $T_{k,ij}(\alpha_{ij},\beta_{ij}) = \alpha_{ij} + \beta_{ij}q_{k,ij}$ ，α_{ij} 为底薪，β_{ij} 为售出单位产品的佣金。

制造商、零售商比销售员更看重未来收益，因此，销售员对未来收益的贴现系数小于制造商、零售商对未来收益的贴现系数。假设制造商和零售商对未来收益的贴现系数为 1，销售员对未来收益的贴现系数 $\delta < 1$ 。假设制造商的边际收益为 1，制造商给予零售商的分成系数为 ρ ，制造商基于顾客满意而给予销售员的激励系数为 η 。则制造商第一阶段期望收益 $\pi_{M,ij}^1 = (1 - \rho_{ij})\bar{q}_{1,ij} - \eta_{ij}\bar{s}_{ij}$ ，这里，$\bar{q}_{1,ij}$ 为第一阶段期望销量，$\bar{s}_{ij}$ 为顾客的平均满意度。制造商第二阶段期望收益 $\pi_{M,ij}^2 = (1 - \rho_{ij})\bar{q}_{2,ij}$ ，这里，$\bar{q}_{2,ij}$ 为第二阶段期望销量。则协同激励时，制造商两阶段总期望收益为：

$$\pi_{M,ij} = \pi_{M,ij}^1 + \pi_{M,ij}^2 = (1 - \rho_{ij})(\bar{q}_{1,ij} + \bar{q}_{2,ij}) - \eta_{ij}\bar{s}_{ij} \qquad (6-1)$$

零售商两阶段期望收益分别为 $\pi_{R,ij}^1 = (\rho_{ij} - \beta_{ij})\bar{q}_{1,ij} - \alpha_{ij}$ 和 $\pi_{R,ij}^2 = (\rho_{ij} - \beta_{ij})\bar{q}_{2,ij} - \alpha_{ij}$ 。则协同激励时，零售商两阶段总期望收益为：

$$\pi_{R,ij} = \pi_{R,ij}^1 + \pi_{R,ij}^2 = (\rho_{ij} - \beta_{ij})(\bar{q}_{1,ij} + \bar{q}_{2,ij}) - 2\alpha_{ij} \qquad (6-2)$$

销售员两阶段期望收益分别为 $\pi_{S,ij}^1 = \alpha_{ij} + \beta_{ij}\bar{q}_{1,ij} + \eta_{ij}\bar{s}_{ij} - \frac{1}{2}a_{ij}^2 - \frac{1}{2}b_{ij}^2$ 和 $\pi_{S,ij}^2 = \alpha_{ij} + \beta_{ij}\bar{q}_{2,ij}$ 。则协同激励时，销售员两阶段总期望收益为：

$$\pi_{S,ij} = \pi_{S,ij}^1 + \delta\pi_{S,ij}^2 = (1 + \delta)\alpha_{ij} + \beta_{ij}(\bar{q}_{1,ij} + \delta\bar{q}_{2,ij}) + \eta_{ij}\bar{s}_{ij} - \frac{1}{2}a_{ij}^2 - \frac{1}{2}b_{ij}^2$$

(6－3)

假设销售员效用函数具有不变绝对风险规避特征，即 $\mu(\pi_{S,ij}) = -e^{-r\pi_{S,ij}}$，其中，$r = -\mu''/\mu'$ 是绝对风险规避系数。采用确定性等价原理，可得销售员总期望效用函数 $\mu(\pi_{S,ij})$ 为：

$$\mu(\pi_{S,ij}) = \pi_{S,ij} - \frac{r}{2}(\beta_{ij}^2\sigma_1^2 + \eta_{ij}^2\sigma_s^2 + \delta^2\beta_{ij}^2\sigma_2^2) \tag{6-4}$$

在式（6－4）中，$\frac{r}{2}(\beta_{ij}^2\sigma_1^2 + \eta_{ij}^2\sigma_s^2 + \delta^2\beta_{ij}^2\sigma_2^2)$ 为销售员的风险成本，即在期望收益中放弃 $\frac{r}{2}(\beta_{ij}^2\sigma_1^2 + \eta_{ij}^2\sigma_s^2 + \delta^2\beta_{ij}^2\sigma_2^2)$ 的收入以换取其确定性收益。

6.2　对称信息下两种激励模型

本节考虑对称信息下传统激励和协同激励两种激励模型的构建与求解，并作对比分析。

6.2.1　传统激励模型

6.1 节给出了协同激励情形下的契约，传统激励情形为协同激励的特例，即制造商对销售员的激励系数 η_{T0} 取零。则该情形下，制造商、零售商和销售员博弈顺序如下：首先，制造商给出零售商合同，确定零售商分成系数 ρ_{T0}；其次，零售商决定接受合同与否，如果不接受，博弈结束；如果接受，则给出销售员底薪 α_{T0}、销售员长期努力水平 b_{T0}、短期努力水平 a_{T0}；最后，销售员观察到合同后决定接受合同与否，如果不接受，博弈结束；如果接受，则保证他的期望效用不低于保留效用。则对称信息下传统激励的模型为：

$$\max_{\rho_{T0}} \pi_{M,T0} = (1-\rho_{T0})(\bar{q}_{1,T0}+\bar{q}_{2,T0}) \tag{6-5}$$

$$\text{s. t.}\ (\rho_{T0}-\beta_{T0})(\bar{q}_{1,T0}+\bar{q}_{2,T0})-2\alpha_{T0}\geqslant 0 \tag{6-6}$$

$$\alpha_{T0},\beta_{T0},a_{T0},b_{T0}\alpha_{T0},\underset{\beta_{T0},a_{T0},b_{T0}}{\operatorname{argmax}}\pi_{R,T0} = (\rho_{T0}-\beta_{T0})(\bar{q}_{1,T0}+\bar{q}_{2,T0})-2\alpha_{T0} \tag{6-7}$$

$$\text{s. t.}\ \mu(\pi_{S,T0})\geqslant\mu_0 \tag{6-8}$$

其中，式（6-6）、式（6-7）分别为零售商的个人理性约束和激励相容约束，这里假设零售商的保留收益为零。式（6-8）为销售员的个人理性约束，其中，μ_0 为销售员的保留效用。通过求解可得：

命题 6-1：在传统激励情形下，制造商给予零售商的分成系数 ρ_{T0}^*，零售商给予销售员的底薪 α_{T0}^*、佣金 β_{T0}^*，销售员的努力水平 a_{T0}^*、b_{T0}^* 构成唯一的子博弈精炼纳什均衡：

$$\begin{cases}\rho_{T0}^*=\dfrac{1}{2}\\[2ex]\alpha_{T0}^*=\dfrac{1+\delta}{16}+\dfrac{\mu_0}{1+\delta}\\[2ex]a_{T0}^*=\dfrac{1+\delta}{4},b_{T0}^*=\dfrac{1+\delta}{4}\end{cases} \tag{6-9}$$

证明：令销售员个人理性约束式（6-8）为零，得：

$$\alpha_{T0}=\frac{2\mu_0+a_{T0}^2+b_{T0}^2}{2(1+\delta)} \tag{6-10}$$

将式（6-10）代入式（6-7），有：

$$\pi_{R,T0}=\rho_{T0}(a_{T0}+b_{T0})-\frac{2\mu_0+a_{T0}^2+b_{T0}^2}{1+\delta} \tag{6-11}$$

令 $\dfrac{\partial\pi_{R,T0}}{\partial a_{T0}}=0$，$\dfrac{\partial\pi_{R,T0}}{\partial b_{T0}}=0$，则有：

$$a_{T0}=b_{T0}=\frac{\rho_{T0}(1+\delta)}{2} \tag{6-12}$$

将式（6-12）代入式（6-1），有：

$$\pi_{M,T0} = (1+\delta)\rho_{T0}(1-\rho_{T0}) \tag{6-13}$$

容易得到 $\pi_{M,T0}$ 的海瑟（Hesse）矩阵负定，即存在 ρ_{T0} 使 $\pi_{M,T0}$ 取得最大值，而最优的 ρ_{T0} 在驻点处，即一阶条件 $\frac{\partial \pi_{M,T0}}{\partial \rho_{T0}} = 0$ 处取得。从而可得 $\rho_{T0}^* = \frac{1}{2}$，将其依次代入式（6-12）、式（6-10），即可得式（6-9）。证毕。

6.2.2　协同激励模型

在协同激励模式下，制造商给予零售商激励合同，并给予销售员长期努力补偿合同，零售商给予销售员激励合同。博弈顺序如下：制造商先做决策，设计给零售商的分成系数 ρ_{C0} 和销售员的激励系数 η_{C0}。零售商观察合同后，决定是否接受合同，如果不接受，博弈结束；如果接受，则给出销售员底薪 α_{C0}，销售员长期努力水平、b_{C0}、短期努力水平 a_{C0}。销售员观察到合同后决定是否接受合同，如果不接受，博弈结束；如果接受，则保证其期望效用不低于保留效用。供应链系统由制造商主导，则制造商和零售商协同激励销售员的博弈模型为：

$$\max_{\rho_{C0},\eta_{C0}} \pi_{M,C0} = (1-\rho_{C0})(\bar{q}_{1,C0}+\bar{q}_{2,C0}) - \eta_{C0}\bar{s}_{C0} \tag{6-14}$$

$$\text{s.t.}\ (\rho_{C0}-\beta_{C0})(\bar{q}_{1,C0}+\bar{q}_{2,C0}) - 2\alpha_{C0} \geqslant 0 \tag{6-15}$$

$$\alpha_{C0},\beta_{C0},a_{C0},b_{C0} \in \underset{\alpha_{C0},\beta_{C0},a_{C0},b_{C0}}{\operatorname{argmax}} \pi_R = (\rho_{C0}-\beta_{C0})(\bar{q}_{1,C0}+\bar{q}_{2,C0}) - 2\alpha_{C0} \tag{6-16}$$

$$\text{s.t.}\ \mu(\pi_{S,C0}) \geqslant \mu_0 \tag{6-17}$$

其中，式（6-15）、式（6-16）分别为零售商的个人理性约束和激励相容约束。式（6－17）是销售员的个人理性约束。则类似命题6－1的证明求解方法，有：

命题6－2：在协同激励情形下，制造商分成系数 ρ_{C0}^* 、激励系数 η_{C0}^* ，零售商给予销售员的底薪 α_{C0}^* 、佣金 β_{C0}^* ，销售员的努力水平 a_{C0}^* 、b_{C0}^* 构成唯一的子博弈精炼纳什均衡：

$$\begin{cases} \rho_{C0}^* = \dfrac{2(3+\delta)}{7+10\delta-\delta^2} \\ \eta_{C0}^* = \dfrac{2(1-\delta^2)}{7+10\delta-\delta^2} \\ a_{C0}^* = \dfrac{(1+\delta)(3+\delta)}{7+10\delta-\delta^2} \\ b_{C0}^* = \dfrac{(5-\delta)(1+\delta)}{7+10\delta-\delta^2} \\ \alpha_{C0}^* = \dfrac{\mu_0+\dfrac{a_{C0}^{*2}+b_{C0}^{*2}}{2}-\eta_{C0}^*b_{C0}^*}{1+\delta} \end{cases} \tag{6－18}$$

比较式（6－18）中销售员的长期努力、短期努力，有如下命题：

命题6－3：在协同激励时，销售员长期努力高于短期努力。

由命题6－3可知，在协同激励时，制造商给予销售员长期努力一定的补偿，销售员更有意愿付出长期努力，从而提高顾客满意度。故而，在对称信息状态下，企业若期望提高顾客满意度，可以采用协同激励方式。

6.3 信息不对称下两种激励模型

本节考虑信息不对称状态下传统激励和协同激励两种激励模型的构建与求解，并作对比分析。

6.3.1　传统激励模型

6.2 节给出了协同激励情形下的契约，传统激励情形为协同激励的特例，即制造商对销售员的激励系数 η_{T1} 取零。则该情形下，制造商、零售商和销售员博弈顺序如下：首先，制造商给出零售商合同，确定零售商分成系数 ρ_{T1}；然后零售商决定是否接受合同，如果不接受，博弈结束；如果接受，给出销售员底薪 α_{T1}、佣金 β_{T1}；最后销售员观察到合约后，决定是否接受合同，如果不接受，博弈结束；如果接受，则选择长期努力水平 b_{T1}、短期努力水平 a_{T1}。则信息不对称下，传统激励模型为：

$$\max_{\rho_{T1}} \pi_{M,T1} = (1 - \rho_{T1})(\bar{q}_{1,T1} + \bar{q}_{2,T1}) \tag{6-19}$$

$$\text{s.t. } (\rho_{T1} - \beta_{T1})(\bar{q}_{1,T1} + \bar{q}_{2,T1}) - 2\alpha_{T1} \geqslant 0 \tag{6-20}$$

$$\alpha_{T1}, \beta_{T1} \in \underset{\alpha_{T1}, \beta_{T1}}{\arg\max}\ \pi_{R,T1} = (\rho_{T1} - \beta_{T1})(\bar{q}_{1,T1} + \bar{q}_{2,T1}) - 2\alpha_{T1} \tag{6-21}$$

$$\text{s.t. } \mu(\pi_{S,T1}) \geqslant \mu_0 \tag{6-22}$$

$$a_{T1}, b_{T1} \in \underset{a_{T1}, b_{T1}}{\arg\max}\ \mu(\pi_{S,T1}) \tag{6-23}$$

类似对称信息下激励模型求解方法，可得：

命题 6-4：在传统激励情形下，制造商给予零售商的分成系数 ρ_{T1}^*，零售商给予销售员的底薪 α_{T1}^*、佣金 β_{T1}^*，销售员的努力水平 a_{T1}^*、b_{T1}^* 构成唯一的子博弈精炼纳什均衡：

$$\begin{cases} \rho_{T1}^* = \dfrac{1}{2} \\ \alpha_{T1}^* = \dfrac{1}{8}t^2(1+\delta)^3[r(\sigma_1^2 + \delta^2\sigma_2^2) - (1+\delta^2)] + \dfrac{\mu_0}{1+\delta} \\ \beta_{T1}^* = \dfrac{1}{2}t(1+\delta)^2 \\ a_{T1}^* = \dfrac{1}{2}t(1+\delta)^2, b_{T1}^* = \dfrac{1}{2}t\delta(1+\delta)^2 \end{cases} \tag{6-24}$$

证明思路如命题6－1，这里略去。

命题6－5：在传统激励时，销售员的短期努力不低于长期努力，并且，随着销售员对未来贴现的增加，两种努力均增加，当贴现为1时，两种努力水平相等。

比较式（6－24）中长期努力、短期努力的均衡解，易得上述结论。证明略。

销售员的短期努力增加现在的销量，而长期努力增加将来的销量。没有制造商的激励，销售员对将来收益的贴现 $\delta<1$ 使其更愿意付出短期努力，而当其对将来收益贴现 $\delta=1$ 时，付出两种努力的意愿相同。故而，当信息不对称时，供应链企业若期望短期内提高销量，可以采用传统激励方式。

6.3.2 协同激励模型

在协同激励模型中，制造商给予零售商激励合同，并给予销售员长期努力补偿合同，零售商给予销售员激励合同。博弈顺序如下：首先，制造商做决策，设计给零售商的分成系数 ρ_{C1}^* 和销售员的激励系数 η_{C1}^*；其次，零售商观察合约后，决定是否接受合同，如果不接受，则博弈结束；如果接受，则给出销售员底薪 α_{C1}^*、佣金 β_{C1}^*；最后，销售员观察到合约后，决定是否接受合同，如果不接受，博弈结束；如果接受，则选择长期努力水平 b_{C1}^*、短期努力水平 a_{C1}^*。供应链系统由制造商主导，则制造商和零售商协同激励销售员的博弈模型为：

$$\max_{\rho_{C1},\eta_{C1}} \pi_{M,C1} = (1-\rho_{C1})(\bar{q}_{1,C1}+\bar{q}_{2,C1})-\eta_{C1}\bar{s}_{C1} \tag{6-25}$$

$$\text{s.t.}\ (\rho_{C1}-\beta_{C1})(\bar{q}_{1,C1}+\bar{q}_{2,C1})-2\alpha_{C1}\geqslant 0 \tag{6-26}$$

$$\alpha_{C1},\beta_{C1}\in \arg\max_{\alpha_{C1},\beta_{C1}} \pi_R=(\rho_{C1}-\beta_{C1})(\bar{q}_{1,C1}+\bar{q}_{2,C1})-2\alpha_{C1} \tag{6-27}$$

$$\text{s.t. } \mu(\pi_{S,C1}) \geqslant \mu_0 \tag{6-28}$$

$$a_{C1}, b_{C1} \in \underset{a_{C1}, b_{C1}}{\operatorname{argmax}}\ \mu(\pi_{S,C1}) \tag{6-29}$$

式（6-26）、式（6-27）分别为零售商的个人理性约束和激励相容约束；式（6-28）、式（6-29）分别是销售员的个人理性约束和激励相容约束。

命题 6-6：在协同激励情形下，制造商分成系数 ρ_{C1}^*、激励系数 η_{C1}^*，零售商给予销售员的底薪 α_{C1}^*、佣金 β_{C1}^*，销售员的努力水平 a_{C1}^*、b_{C1}^* 构成唯一的子博弈精炼纳什均衡：

$$\begin{cases} \rho_{C1}^* = \{2t(1+\delta)^3[t(\delta-\delta^2)-1] - t(1-\delta^2)c + c\}m \\ \eta_{C1}^* = t(1+\delta)^3[c + 2t(1-\delta^2) - 2]m \\ \alpha_{C1}^* = \dfrac{\mu_0 - \dfrac{a_{C1}^{*2} + b_{C1}^{*2}}{2} + \dfrac{r}{2}[(\sigma_1^2 + \delta^2\sigma_2^2)\beta_{C1}^{*2} + \sigma_s^2\eta_{C1}^{*2}]}{1+\delta} \\ \beta_{C1}^* = t[\rho_{C1}^*(1+\delta)^2 - \eta_{C1}^*(1-\delta)] \\ a_{C1}^* = \beta_{C1}^* \\ b_{C1}^* = \delta\beta_{C1}^* + \eta_{C1}^* \end{cases} \tag{6-30}$$

在式（6-30）中，

$$t = \frac{1}{4\delta + 2r(\sigma_1^2 + \delta^2\sigma_2^2)}, c = t[\delta(1+\delta)^2 - (1-\delta^2)] + 1,$$

$$m = \frac{1}{c^2 + 4t(1+\delta)^3[t(\delta-\delta^2)-1]}$$

命题 6-7：协同激励时，当 $r > r_0$ 时，销售员付出的长期努力高于短期努力。当 $r \leqslant r_0$ 时，若 $\delta_0 < \delta < 1$，销售员付出的长期努力高于短期努力；若 $0 < \delta < \delta_0$，销售员付出的短期努力高于长期努力。其中，$r_0 = \dfrac{\sigma_2 + \sqrt{4\sigma_2^2 + \sigma_1^2}}{2\sigma_1^2\sigma_2}$，$\delta_0 = \dfrac{-1 + \sqrt{1 - 4r\sigma_2^2(r\sigma_1^2 - 1)}}{2r\sigma_2^2}$。

证明：由式（6 - 30）可知，$a_{C1}^* - b_{C1}^* = (1 - \delta)\beta_{C1}^* - \eta_{C1}^* = \frac{2t(1+\delta)^2[1-2t(1+\delta)]}{n}$，这里，$n = c + 2t(1 - \delta^2) - 2$。为比较 a_{C1}^*、b_{C1}^* 的大小，只需考虑 $1 - 2t(1+\delta)$ 与 0 的大小。将 t 代入，即可得出命题中的结论。证毕。

由命题 6 - 7 可知，销售员风险规避系数较大时，销售员付出的长期努力高于短期努力。若销售员风险规避系数较小，则付出的长期努力水平、短期努力水平依赖于贴现因子的大小，销售员越长期导向，即 δ 越大，付出的长期努力越多。相反地，销售员越短期导向，付出的短期努力越多。这是因为销售员越风险规避，越期望工作长久稳定，从而越关注顾客满意度，这一点和制造商的目标是一致的。

6.4 两种信息状态下两种激励模型比较

将信息对称状态和信息不对称状态下，传统激励时和协同激励时制造商给予零售商的分成系数，制造商给予销售员的激励系数，零售商给予销售员的底薪和佣金，销售员的长期努力水平、短期努力水平，汇总在表 6 - 2 中。

表 6 - 2　两种信息状态下两种激励模式的指标综合

指标	对称信息、传统	对称信息、协同	信息不对称、传统	信息不对称、协同
分享系数	1/2	$\frac{2(3+\delta)}{7+10\delta-\delta^2}$	1/2	$\{2t(1+\delta)^3[t(\delta-\delta^2)-1]-t(1-\delta^2)c+c\}m$
激励系数	0	$\frac{2(1-\delta^2)}{7+10\delta-\delta^2}$	0	$t(1+\delta)^3[c+2t(1-\delta^2)-2]m$
长期努力	$\frac{1+\delta}{4}$	$\frac{(5-\delta)(1+\delta)}{7+10\delta-\delta^2}$	$\frac{1}{2}t\delta(1+\delta)^2$	$\delta\beta^* + \eta^*$

续表

指标	对称信息、传统	对称信息、协同	信息不对称、传统	信息不对称、协同
短期努力	$\frac{1+\delta}{4}$	$\frac{(1+\delta)(3+\delta)}{7+10\delta-\delta^2}$	$\frac{1}{2}t(1+\delta)^2$	$t[\rho^*(1+\delta)^2-\eta^*(1-\delta)]$
底薪	$\frac{1+\delta}{16}+\frac{\mu_0}{1+\delta}$	$\frac{a_{C0}^{*2}+b_{C0}^{*2}-2\eta_{C0}^*b_{C0}^*}{2(1+\delta)}+\frac{\mu_0}{1+\delta}$	$\frac{1}{8}t^2(1+\delta)^3[r(\sigma_1^2+\delta^2\sigma_2^2)-(1+\delta^2)]+\frac{\mu_0}{1+\delta}$	$\frac{-a^{*2}-b^{*2}+r[(\sigma_1^2+\delta^2\sigma_2^2)\beta^{*2}+\sigma_s^2\eta^{*2}]}{2(1+\delta)}+\frac{\mu_0}{1+\delta}$
佣金	0	0	$\frac{1}{2}t(1+\delta)^2$	$t[\rho^*(1+\delta)^2-\eta^*(1-\delta)]$

6.4.1　信息对称状态下两种激励模型比较

命题 6－8：协同激励时，与传统激励相比，销售员的长短期努力水平均增加。

证明：因 $b_{C0}^*-b_{T0}^*=\frac{(1-\delta)(13-\delta)}{4(7+10\delta-\delta^2)}>0$，而 $a_{C0}^*-a_{T0}^*=\frac{(1-\delta^2)(5-\delta)}{4(7+10\delta-\delta^2)}>0$。

从而 $b_{C0}^*\geqslant b_{T0}^*$，$a_{C0}^*\geqslant a_{T0}^*$。证毕。

由命题 6－8 可知，协同激励时，销售员长期努力增加，根据中长期努力和顾客满意的关系可知顾客满意增加。

命题 6－9：与传统激励相比，协同激励时制造商收益降低。

证明：将式（6－24）、式（6－30）分别代入式（6－19）、式（6－25）中，得两种激励情形下制造商收益分别为：$\pi_{M,T0}^*=\frac{1+\delta}{4}$，$\pi_{M,C0}^*=\frac{2(1+\delta)(\delta^2+33\delta-\delta^3-1)}{(7+10\delta-\delta^2)^2}$，比较可得，$\pi_{M,C0}^*-\pi_{M,T0}^*=$

$\frac{(1+\delta)(12\delta^3+124\delta-\delta^4-78\delta^2-57)}{4(7+10\delta-\delta^2)^2}<0$。证毕。

在对称信息下，零售商可以观察到销售员的努力水平，而制造商不能观测到销售员的努力水平。若制造商实施协同激励，会付出相应的“信息租金”，故而收益下降。

6.4.2 信息不对称状态下两种激励模型比较

6.2 节、6.3 节给出了协同激励和传统激励两种情形下契约的设计，本节对两种激励契约均衡解进行比较，可得：

命题 6-10：协同激励时销售员的长期努力水平高于传统激励时的长期努力水平，而短期努力水平低于传统激励时的短期努力水平。

证明：令 $a_{C1}^*\geqslant 0$，$b_{C1}^*\geqslant 0$，$\eta_{C1}^*\geqslant 0$，则有 $n<0$，$0\leqslant c\leqslant 2-2t(1-\delta^2)$，从而 $t[\delta(1+\delta)^2+(1-\delta^2)]\leqslant 1$。又 $b_{T1}^*-b_{C1}^*=\frac{t(1+\delta)^2}{2n}(\delta n+2c)$，而 $\delta n+2c=\delta\{t[\delta(1+\delta)^2+(1-\delta^2)]-1\}^2+2\{1-t[\delta(1+\delta)^2+(1-\delta^2)]\}\geqslant 0$，从而 $b_{C1}^*\geqslant b_{T1}^*$。类似地，可以证明 $a_{T1}^*\geqslant a_{C1}^*$。证毕。

由命题6-10 可知，协同激励时销售员长期努力增加，根据中长期努力和顾客满意的关系可知顾客满意增加。

命题 6-11：与传统激励时相比，协同激励时制造商收益增加。

证明：将式（6-10）、式（6-22）分别代入式（6-5）、式（6-17）中，得两种激励情形下制造商收益分别为：$\pi_{M,C1}^*=\frac{-2t^2(1+\delta)^5}{n}$，$\pi_{M,T1}^*=\frac{1}{4}t(1+\delta)^3$，比较可得 $\pi_{M,C1}^*-\pi_{M,T1}^*=\frac{t(1+\delta)^3}{4n}\{t[\delta(1+\delta)^2+(1-\delta^2)]-1\}^2\geqslant 0$。证毕。

由命题6-11 可知，协同激励时制造商收益增加。结合命题6-10 和命题6－11 可知，若制造商想提高顾客满意度或者收益，可以给予销售员长期努力补偿，采用协同激励；若制造商只关注当前销量，可以采用传统激励。协同激励和传统激励是两种激励方式，企业可根据市场情况和自身情况，选择合适的激励方式。

6.4.3　两种信息状态下传统激励模型比较

通过对比对称信息状态下和信息不对称状态下传统激励时销售员的长期努力水平、短期努力水平，可得如下命题：

命题 6－12：和对称信息状态下相比，信息不对称状态下传统激励时销售员的长期努力水平降低。短期努力水平则由销售员的风险规避系数确定。即当 $r > \frac{1-\delta}{\sigma_1^2+\delta^2\sigma_2^2}$ 时，短期努力水平降低；当 $r < \frac{1-\delta}{\sigma_1^2+\delta^2\sigma_2^2}$ 时，短期努力水平提高；当 $r = \frac{1-\delta}{\sigma_1^2+\delta^2\sigma_2^2}$ 时，短期努力水平不变。

证明：因 $b_{T1}^* - b_{T0}^* = \frac{1}{2}t\delta(1+\delta)^2 - \frac{1+\delta}{4} = -\frac{(1+\delta)[\delta(1-\delta)+r(\sigma_1^2+\delta^2\sigma_2^2)]}{2[4\delta+2r(\sigma_1^2+\delta^2\sigma_2^2)]} < 0$。而 $a_{T1}^* - a_{T0}^* = \frac{1}{2}t\ (1+\delta)^2 - \frac{1+\delta}{4} = \frac{(1+\delta)[(1-\delta)-r(\sigma_1^2+\delta^2\sigma_2^2)]}{2[4\delta+2r(\sigma_1^2+\delta^2\sigma_2^2)]}$，这里只需考虑 $(1-\delta)-r(\sigma_1^2+\delta^2\sigma_2^2)$ 的正负，从而可得命题6－8 的后半部分。证毕。

6.4.4　两种信息状态下协同激励模型比较

在两种信息状态下，协同激励时各决策变量的分析较繁琐，故给出这部分的数值分析结果。

6.5 数值分析

6.5.1 对称信息状态下两种激励数值比较

6.4 节给出了两种信息状态下两种激励模式的契约解析解的比较分析，但由于部分均衡解表达式繁琐，难以获得直观的结论，本节通过数值仿真，进一步讨论不同状态下各相关参数与均衡解之间的关系及对比分析，以期得到有用的结论指导实践运作。

假设系统参数值如下：$\sigma_1=1.2$，$\sigma_2=1.0$，$\sigma_s=1.0$，$\mu_0=0.09$。在上述参数不变的情形下，讨论风险规避系数 $r=\{0.4, 0.5, 0.6, 0.7\}$，贴现因子 δ 在 [0, 1] 区间变动时底薪 α、佣金 β、分成系数 ρ、激励系数 η 的变化情况。具体如图 6－3～图 6－9 所示。

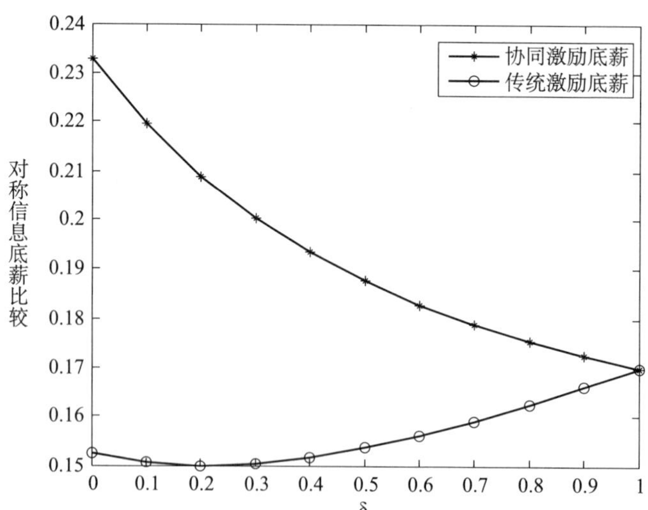

图 6－3 对称信息状态下两种激励模式贴现因子对底薪的影响

资料来源：笔者使用 Matlab 软件绘制而得。

观察图 6－3 可以发现，协同激励时，销售员的底薪大于传统激励时的底薪。这说明，协同激励时，销售员的收入有所提高。因此，销售员在协同激励中受益，这与现实是一致的。

根据表 6－3 可知，在协同激励时，长期努力高于短期努力；长期努力随贴现因子增加而减小，短期努力随贴现因子增加而增加。在传统激励时，长期努力等于短期努力，且都随贴现因子增加而增加。观察表 6－3 还可以发现，协同激励时的长期努力水平和短期努力水平高于传统激励时的长期努力水平和短期努力水平，这也验证了命题 6－5。

表 6－3　对称信息状态下两种激励模式不同 δ 对努力影响

δ	努力水平	0	0.1	0.2	0.3	0.4	0.5	0.6	0.7	0.8	0.9	1.0
r = 0.5	a1 *	0.4286	0.4268	0.4286	0.4329	0.4391	0.4468	0.4557	0.4656	0.4763	0.4878	0.5000
	b1 *	0.7143	0.6746	0.6429	0.6165	0.5941	0.5745	0.5570	0.5411	0.5265	0.5128	0.5000
	a0 *	0.2500	0.2750	0.3000	0.3250	0.3500	0.3750	0.4000	0.4250	0.4500	0.4750	0.5000
	b0 *	0.2500	0.2750	0.3000	0.3250	0.3500	0.3750	0.4000	0.4250	0.4500	0.4750	0.5000

资料来源：笔者根据假设数据利用 Matlab 软件计算而得。

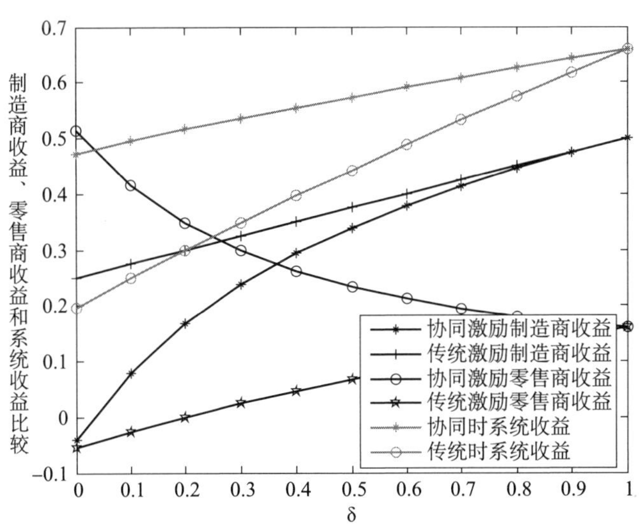

图 6－4　对称信息状态下两种激励模式供应链系统收益比较

观察图6－4可以看出，无论何种激励，供应链系统收益均随着贴现因子的增大而增大，贴现因子为1时收益最大。同时可观察到，与传统相比，协同时制造商收益减少，零售商收益增加，系统收益增加。那么，可以通过收益共享合约使制造商也分享到协同激励带来的收益，从而使制造商的收益也增加。保证了协同激励时制造商收益、零售商收益、供应链系统的收益都增加，这是一个多赢的决策。

6.5.2 信息不对称状态下两种激励数值比较

本节给出信息不对称状态下传统激励模式时和协同激励模式时制造商给予零售商的分成系数、给予销售员的激励系数，零售商给予销售员的底薪、佣金，销售员的长期努力水平、短期努力水平，供应链成员收益的对比，分别如图6－5～图6－9和表6－4所示。

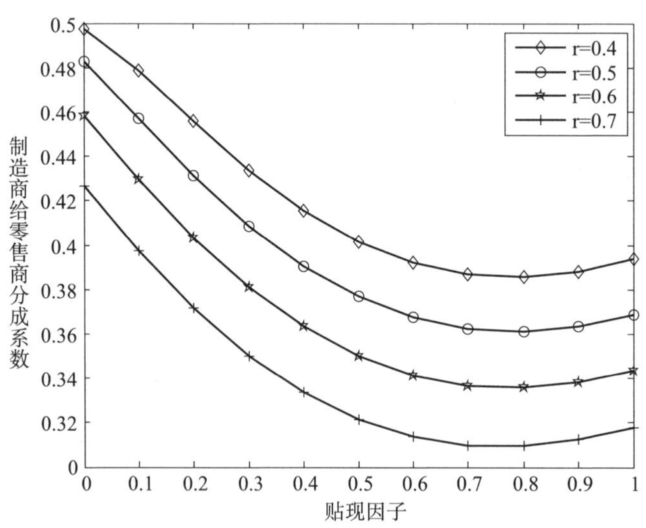

图6－5 信息不对称状态下两种激励模式贴现因子对分成系数的影响

资料来源：笔者使用 Matlab 软件绘制而得。

由图6－5、图6－6可以看出，随着销售员风险规避系数的增加，制造商给予零售商的分成系数减少，而制造商给予销售员的激励系数增加。这是因为销售员越风险规避，其激励系数应该越大，制造商为了实现收益最大化，势必要减少给零售商的分成系数，这与实际是相符的。

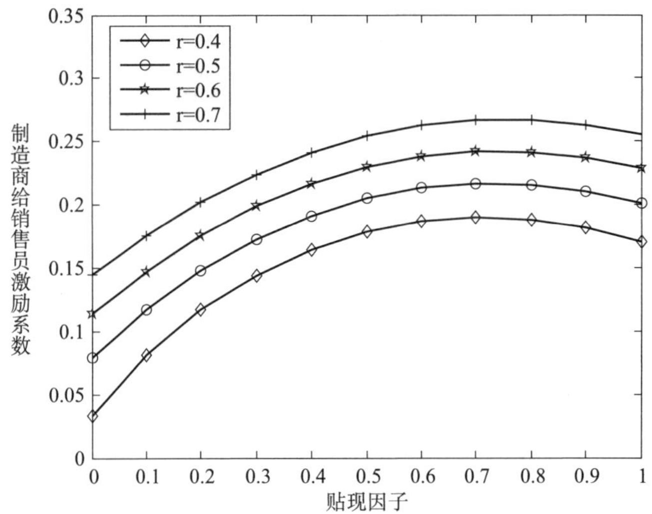

图 6－6　信息不对称状态下两种激励模式贴现因子对激励系数的影响

资料来源：笔者使用 Matlab 软件绘制而得。

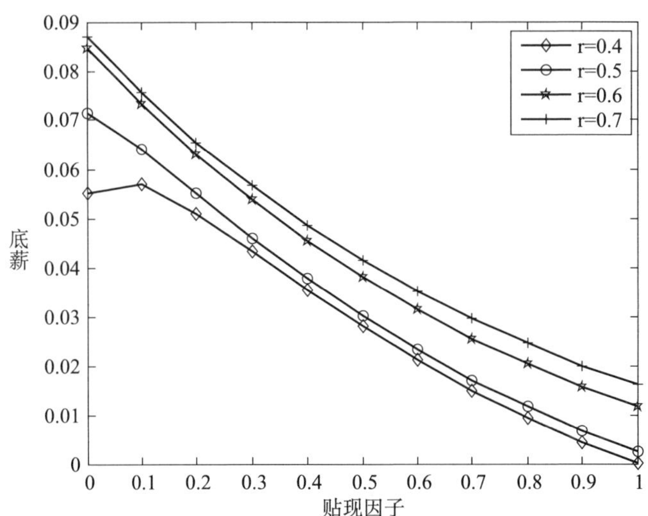

图 6－7　信息不对称状态下两种激励模式贴现因子对底薪的影响

资料来源：笔者使用 Matlab 软件绘制而得。

观察图 6 - 6 还可发现，当销售员的风险规避系数一定，存在 $\delta_1 \approx 0.7$；当 $\delta < \delta_1$ 时，制造商给予销售员的激励系数随贴现因子的增大而增大；当 $\delta \geqslant \delta_1$ 时，激励系数随贴现因子的增大而减小。这是因为当销售员的贴现因子足够大时，就会认为将来的收益与当前的收益无差异，此时，即使没有制造商的激励，销售员也有付出长期努力的意愿，故制造商可以适当降低补偿激励。而若销售员贴现因子比较小，即比较重视当前收益，则需要制造商给予激励来引导其付出长期努力。这也说明，制造商应该充分了解销售员的特点，进而做到“对症下药”。

观察图 6 - 7、图 6 - 8 可以发现：在协同激励时，销售员底薪随风险规避系数的增大而增大，佣金随风险规避系数的增大而减小。当销售员的风险规避系数不变，底薪随贴现因子的增大而减小。若贴现因子适中，零售商给予销售员的佣金最低。这说明，一方面，风险规避度越高的销售员对底薪的要求越高，来抵消佣金收入的不确定性；另一方面，若风险规避度不变，销售员越长期导向，对底薪要求越低。这是因为长期导向的销售员更看重将来的收益，他们相信现在的努力终究会得到补偿。销售员会付出更多的长期努力，提高顾客满意度，进而达到多赢。

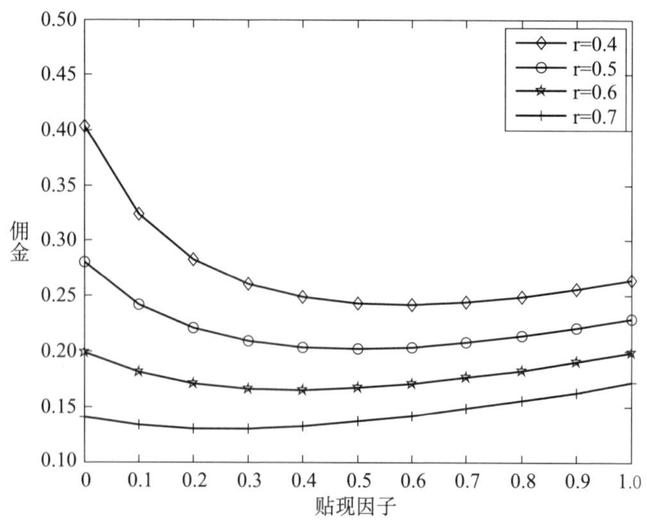

图 6 - 8　信息不对称状态下两种激励模式贴现因子对佣金的影响

资料来源：笔者使用 Matlab 软件绘制而得。

上面已经分析了协同激励模式下，风险规避系数和贴现因子对激励契约的影响，本节对两种激励模式下的销售员努力水平和供应链系统收益进行比较。这里取参数如下：$\sigma_1=1.2$，$\sigma_2=1.0$，$\sigma_s=1.0$，r = {0.4，0.5，0.6，0.7}，$\mu_0=0.04$，贴现因子δ在［0，1］区间变动，销售员的努力水平和系统收益分别，如表6－4、图6－9所示。

表6－4　信息不对称状态下两种激励模式不同δ和r对努力的影响

δ	努力水平	0	0.1	0.2	0.3	0.4	0.5	0.6	0.7	0.8	0.9	1.0
r=0.4	a^*	0.4031	0.3245	0.2836	0.2609	0.2486	0.2430	0.2420	0.2444	0.2492	0.2561	0.2646
	b^*	0.0332	0.1138	0.1735	0.2222	0.2636	0.2996	0.3317	0.3606	0.3872	0.4119	0.4354
	a^{T*}	0.4340	0.3878	0.3629	0.3486	0.3403	0.3356	0.3333	0.3326	0.3331	0.3343	0.3360
	b^{T*}	0	0.0388	0.0726	0.1046	0.1361	0.1678	0.2000	0.2328	0.2664	0.3008	0.3360
r=0.5	a^*	0.2803	0.2419	0.2205	0.2088	0.2032	0.2019	0.2037	0.2077	0.2135	0.2207	0.2291
	b^*	0.0790	0.1412	0.1919	0.2351	0.2726	0.3057	0.3353	0.3619	0.3863	0.4089	0.4031
	a^{T*}	0.3472	0.3270	0.3158	0.3095	0.3062	0.3049	0.3048	0.3055	0.3068	0.3085	0.3106
	b^{T*}	0	0.0327	0.0632	0.0929	0.1225	0.1524	0.1829	0.2138	0.2455	0.2777	0.3106
r=0.6	a^*	0.1993	0.1810	0.1709	0.1662	0.1653	0.1670	0.1708	0.1761	0.1826	0.1901	0.1984
	b^*	0.1141	0.1654	0.2097	0.2486	0.2829	0.3133	0.3406	0.3651	0.3875	0.4081	0.4274
	a^{T*}	0.2894	0.2827	0.2795	0.2783	0.2784	0.2793	0.2807	0.2824	0.2844	0.2865	0.2887
	b^{T*}	0	0.0283	0.0559	0.0835	0.1114	0.1396	0.1684	0.1977	0.2275	0.2579	0.2887
r=0.7	a^*	0.1399	0.1329	0.1301	0.1302	0.1326	0.1366	0.1414	0.1483	0.1554	0.1631	0.1714
	b^*	0.1445	0.1885	0.2278	0.2630	0.2944	0.3224	0.3475	0.3700	0.3905	0.4093	0.4268
	a^{T*}	0.2480	0.2490	0.2507	0.2528	0.2552	0.2577	0.2602	0.2626	0.2651	0.2674	0.2697
	b^{T*}	0	0.0249	0.0501	0.0759	0.1021	0.1288	0.1561	0.1838	0.2120	0.2407	0.2697

根据表6－4可知，当风险规避系数一定时，无论何种激励情形，销售员长期努力均随贴现因子的增大而增大。在传统激励时，若贴现因子为0，销售员不会付出长期性努力，而协同激励时，销售员会付出长期性努力。这说明，若制造商期望销售员能付出长期性努力，则必须给予销

售员协同激励。此外，协同激励时的长期性努力水平高于传统激励时的长期性努力水平，短期性努力水平情况则恰好相反，这也验证了命题6－5。观察表6－4还可发现，协同激励时，若风险规避系数一定，如 $r = 0.4$，存在贴现因子 $\delta_2 = 0.3694$，当 $\delta_2 < \delta < 1$ 时，销售员付出的长期性努力大于短期性努力，当 $0 < \delta < \delta_2$ 时，短期性努力大于长期性努力。传统激励时，短期性努力始终大于长期性努力。这是因为协同激励时，若贴现因子较小，销售员更愿意付出短期性努力。只有当贴现因子达到一定水平时，才有意愿付出长期性努力。毕竟长期性努力有制造商的协同激励，而传统激励时，没有制造商的激励，销售员则更愿意付出短期性努力。

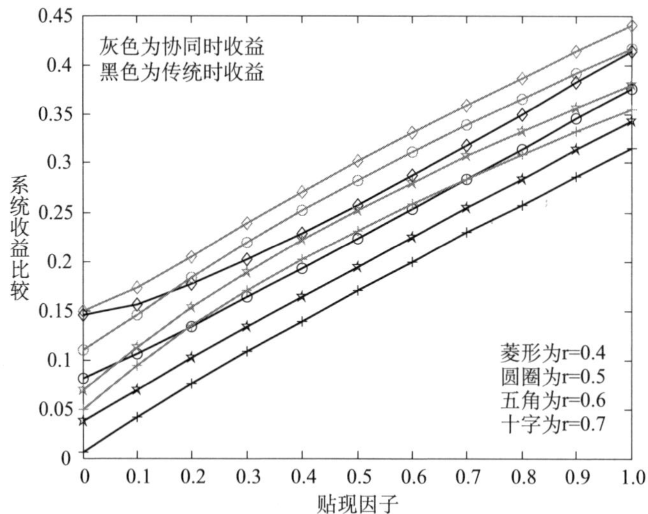

图6－9　信息不对称状态下两种激励模式供应链系统收益比较

资料来源：笔者使用 Matlab 软件绘制而得。

观察图6－9可以看出，无论何种激励，供应链系统收益均随着贴现因子的增大而增大，贴现为1时收益最大。若贴现因子一定，销售员风险规避系数越大，供应链系统收益越小。同时可观察到，协同激励时供应链系统的收益增加。命题6－6指出，该情形下，制造商的收益也增加。那么，可以通过收益共享合约使零售商分享到协同激励带来的收益，从而使零售商的收益也增加。保证了协同激励时制造商收益、零售商收益、供应链系统的收益都增加，这是一个多赢的决策。

6.5.3　两种信息状态下传统激励数值比较

本节给出两种信息状态下传统激励模式下的底薪，销售员长期努力水平、短期努力水平和供应链成员收益对比，分别如图6－10～图6－12所示。

观察图6－10可以发现，与对称信息状态下相比，信息不对称状态下销售员底薪减少。这是因为对称信息状态下销售员的收益等于底薪，而信息不对称状态下销售员收益等于底薪和佣金收入之和。

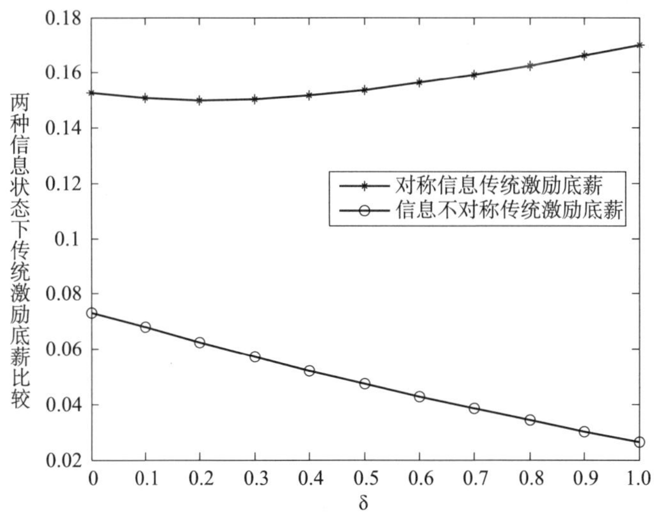

图6－10　两种信息状态下传统激励时底薪比较

资料来源：笔者使用Matlab软件绘制而得。

观察图6－11可以发现，与对称信息状态下相比，信息不对称状态下销售员长期性努力减少；短期性努力的变化则与贴现因子的大小密切相关。这一结论验证了命题6－12。同时可以发现，信息不对称下传统激励时，销售员短期性努力大于长期性努力。这说明，若制造商没有给予长期性努力补偿，销售员付出的长期性努力会较低。

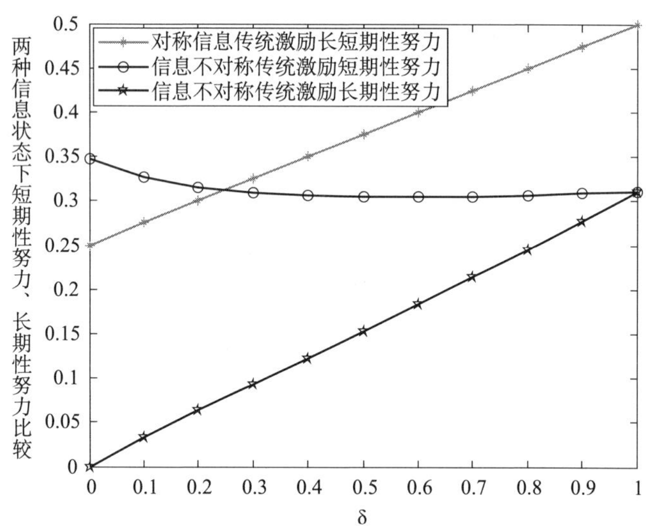

图6－11　两种信息状态下传统激励时努力水平比较

资料来源：笔者使用Matlab软件绘制而得。

观察图6－12可以发现，与对称信息状态下相比，信息不对称状态下制造商收益，零售商收益和供应链系统收益均减少。制造商和零售商均因信息的缺乏而付出了代价，贴现因子越大，这种情况表现得越明显，信息价值也越大。

6.5.4　两种信息状态下协同激励数值比较

本节给出两种信息状态下协同激励时制造商给予零售商的分成系数，给予销售员的激励系数，零售商给予销售员的底薪，销售员长期努力水平、短期努力水平，供应链成员收益的对比，分别如图 6 - 13 ~ 图 6 - 16 所示。

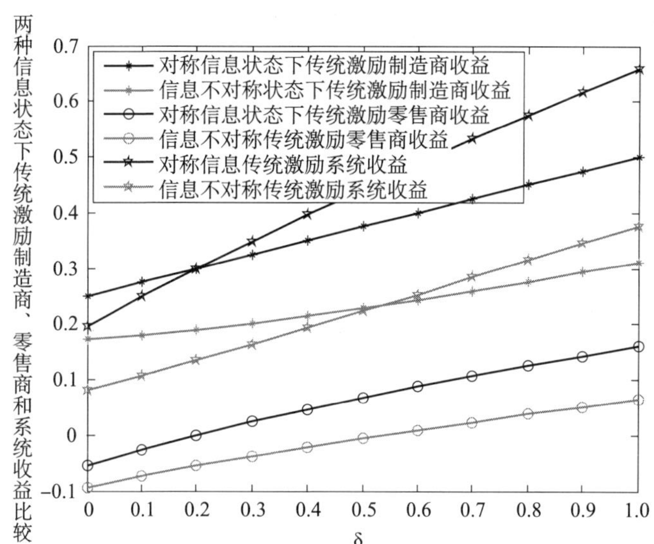

图 6 - 12　两种信息状态下传统激励时供应链成员收益比较

资料来源：笔者使用 Matlab 软件绘制而得。

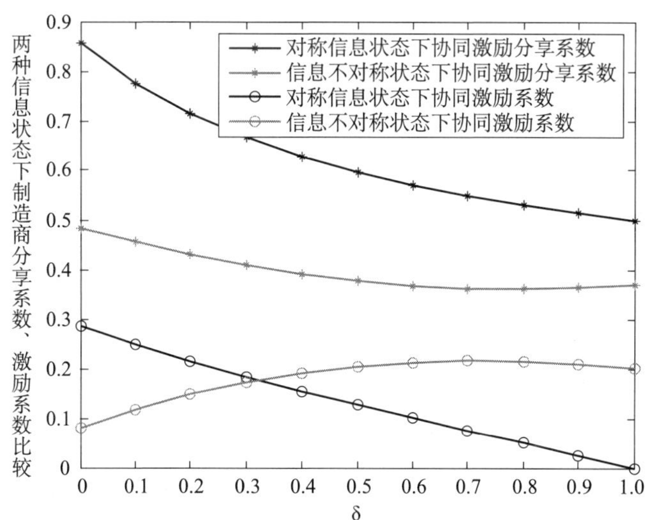

图 6 - 13　两种信息状态下协同激励时分享和激励系数比较

资料来源：笔者使用 Matlab 软件绘制而得。

观察图6－13可以发现，与对称信息状态下相比，信息不对称状态下制造商分享系数减少；当贴现因子较小时，协同激励系数减少，当贴现因子较大时，协同激励系数增加。这是因为，当贴现因子较大时，销售员视将来收益和现在收益无显著差别，故而付出长期性努力的意愿减小，此时，制造商应该增加激励来促使销售员付出长期努力。

观察图6－14可以发现，与对称信息状态下相比，信息不对称状态下销售员底薪减少。这与传统激励时的结论一致。

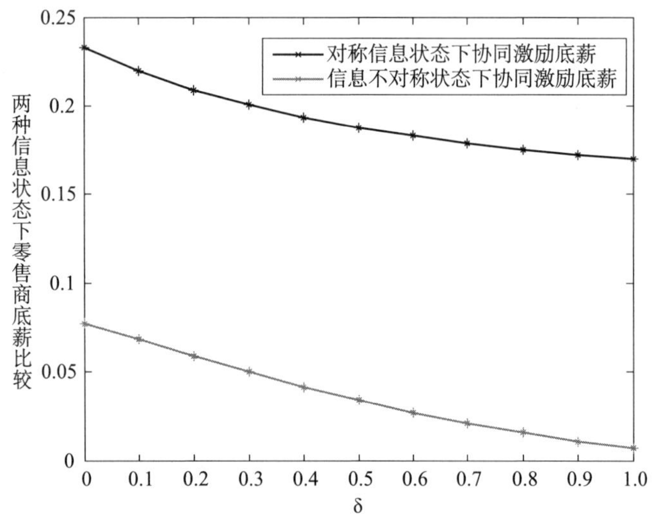

图6－14　两种信息状态下协同激励时底薪比较

资料来源：笔者使用Matlab软件绘制而得。

观察图6－15可以发现，与对称信息相比，信息不对称状态下销售员长期性努力、短期性努力减少。这是因为，信息不对称状态下，零售商不能观察到销售员的努力，销售员可以“偷懒”。销售员因信息不对称而工作轻松，但是，收入却没有减少。同时可以发现，对称信息状态下，销售员长期性努力大于短期性努力；信息不对称状态下，销售员的长短期性努力则与贴现因子的大小密切相关。当贴现因子较小时，短期性努力大于长期性努力；当贴现因子较大时，长期性努力大于短期性努力。

该结论和表 6－3 的数值结论一致。

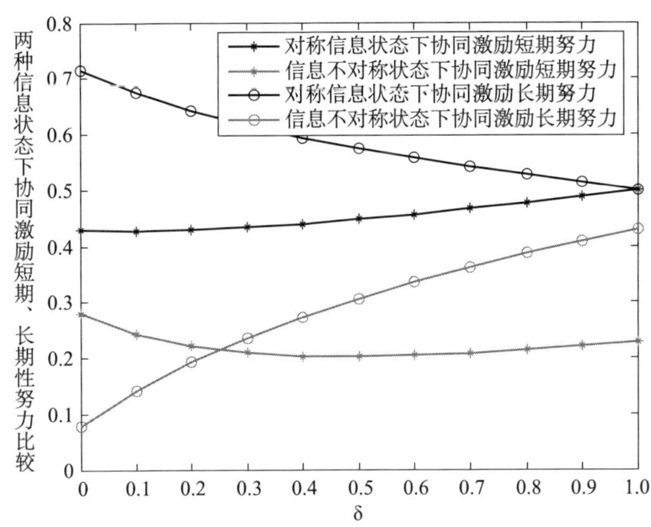

图 6－15　两种信息状态下协同激励时努力水平比较

资料来源：笔者使用 Matlab 软件绘制而得。

观察图 6－16 可以发现，与对称信息状态下相比，信息不对称状态下零售商收益、系统收益均减少，制造商收益的变化则与贴现因子的大小密切相关。当贴现因子较小时，制造商收益增加；当贴现因子较大时，制造商收益减少。在传统情形下，与对称信息状态下相比，信息不对称状态下时，制造商收益、零售商收益均会有所下降，但是协同激励时，制造商的收益先增加而后下降。这是因为当贴现因子较小时，制造商的长期努力较低，而且，比对称信息时的长期性努力低，此时，制造商协同激励的成本也较少，故而整体收益有所增加，而当贴现因子较大时，长期性努力增加，不同信息状态下长期性努力越来越小，此时，协同激励成本相差无几，故而制造商收益下降。

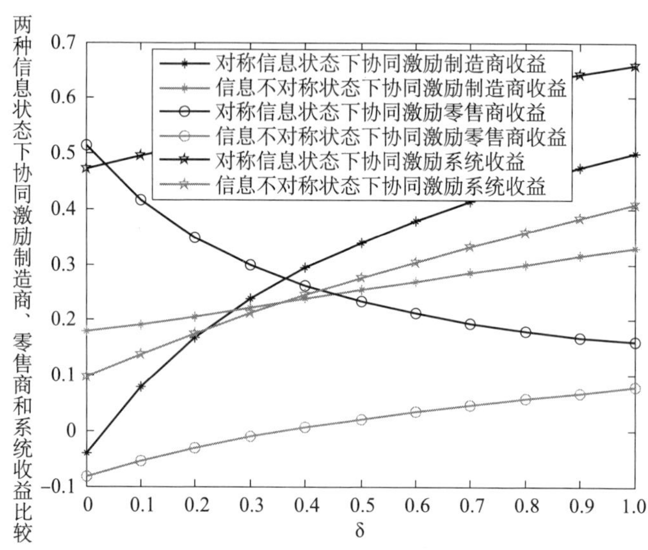

图 6-16　两种信息状态下协同激励时供应链成员收益比较

6.6　本章小结

本章考虑了制造商、零售商、销售员和顾客组成的供应链系统的销售员激励问题。将销售员的努力分为短期性努力和基于顾客满意的长期性努力，应用委托代理理论，分别研究了协同激励和传统激励两种契约设计，并对比了两种情形下的销售员努力水平和供应链系统收益情况，主要结论如下：

对称信息状态下传统激励时，销售员长期性努力等于短期性努力；对称信息状态下协同激励时，销售员长期性努力高于短期性努力；信息不对称状态下传统激励时，销售员的短期性努力不低于长期性努力。并且，随着销售员对未来贴现的增加，两种努力均有所增加，当贴现为 1 时，两种努力水平相等；信息不对称状态下协同激励时，若贴现因子较小，短期性努力水平高于长期性努力水平，若贴现因子较大，短期性努力水平低于长期性努力水平；和信息不对称传统激励相比，信息不对称状态下协同激励时销售员的长期性努力水平增加，短期性努力水平减少，但制造商和整个供应链系统收益增加。供应链成员采用协同激励可以使销售员更有意愿付出长期性努力，进而提升顾客的满意度和供应链系统的收益，这是一个多赢的战略。

本章尝试从努力维度出发，在制造商、零售商、销售员和顾客组成的供应链中考虑销售员激励问题，进而对该问题的解决提供科学的理论基础和现实的激励方法。需要提及的是，产品的价格也是影响需求的一个因素，综合考虑价格和努力对需求的影响会使得模型更加复杂，但在理论上和现实中都具有重要的意义，也将是后续研究的重点。

第7章 结论与展望

7.1 结论

销售员的合理激励，是供应链协调运营的重要保证。一个高效的销售队伍不仅能够增加企业利润，还能提高供应链绩效。本书先介绍了研究背景和中外文相关文献，然后，在阐明研究意义与研究方法的基础上，研究了四种供应链结构下销售员的激励模型及对供应链绩效的影响，取得了一系列理论成果，具有一定的实践指导意义。本书的主要创新与结论有如下四点。

（1）考虑信息对称性和竞争性的销售员激励研究。在制造商—销售员的供应链结构中，考虑了信息对称、单边信息不对称、双重信息不对称销售员的激励模型，并考虑了竞争性销售员在不同信息结构下的激励模型。市场状态为高或低的概率是一个不可或缺的参数，分析了市场状态概率如何影响激励合约、努力水平和系统成员收益，此外，还研究了价格和竞争系数对激励合约的影响。主要结论如下，在对称信息下销售员的底薪最高、佣金最低，销售努力性水平最高，制造商的收益最高。单一信息不对称状态下销售员的底薪低于双重信息不对称状态下混同合同时销售员的底薪。双重信息不对称状态下混同合同时销售员的底薪介于分离合同时不同市场状态下销售员的底薪之间，分离合同时市场状态为低时销售员的底薪最高。单一信息不对称状态下销售员的佣金不低于双重信息不对称状态下的佣金。双重信息不对称状态下，混同合同时销售员的佣金介于分离合同时不同市场状态下销售员的佣金之间，分离合同时市场状态为高时佣金最高，等于单一信息不对称下的佣金。单一信息不对称状态下销售员的销售努力水平不低于双重信息不对称下的销售员努力水平。双重信息不对称下，混同合同时销售员的销售努力水平介于分离合同时不同市场状态下销售员的销售努力水平之间，分离合同时市场状态为高时销售员的销售努力水平最高，等于单一信息不对称状态下销售员的努力水平。信息对称状态下、单一信息不对称下和混同合同下销售员效用均为保留效用。在分离合同时，市场状态为低时销售员获得效用等于保留效用，低于市场状态为高时销售员的效用。市场状态为高时，销售员获得的效用高于保留效用，即销售员不仅得到了保留收益还得到了额外的信息租金。随着市场状态为高的概率增加，销售员获得的信息租金降低。单一信息不对称状态下制造商的收益高于双重信息不对称状态下制造商的收益。双重信息不对称状态下，分离合同时制造商的收益高于混同合同时制造商的收益。双重信息不对称状态时，制造商的收益随着市场状态为高的概率增加而增加。

当价格一定时，销售员的佣金随着竞争的增加而增加。刚开始增加幅度较大，但是，随着竞争进一步加大，佣金增加幅度较小。竞争系数一定，若价格较低，佣金随着价格增加而增加，若价格较高，则佣金随着价格增加而减少。当价格较高时，销售员的底薪随着竞争的增加而增加，价格较低时，销售员的底薪随着竞争的增加而减少。当竞争系数一定时，且竞争系数较小，价格较高时，底薪随价格增加而增加，价格较低时，底薪随价格增加而减少；竞争系数较大时，价格较低时，底薪随价格增加而增加，价格较高时，底薪随价格增加而减少。当价格一定时，销售员的努力随着竞争的增加而减少。刚开始减少幅度较大，但是，随着竞争进一步加大，减少幅度较小，努力趋于稳定。当竞争系数一定，若价格较低，努力随着价格增加而增加，若价格较高，则努力随着价格增加而减少。

（2）考虑了制造商—零售商和制造商—销售员—零售商两种供应链结构，并在相应的参数定义、模型假设和需求分析的基础上，构建了无销售员和有销售员的供应链中相关企业的博弈模型，分析了销售员对供应链绩效的影响。具体结论如下：无销售员集中决策模式下商品销售价格最低，无销售员分散决策模式下商品销售价格最高，有销售员时，商品销售价格介于两者之间。有销售员时，商品的零售价格随着生产量的增加而降低。若生产量小于某一阈值时，有销售员时制造商的收益低于无销售员时制造商的收益，系统收益低于无销售员集中决策时的系统收益；若生产量大于该阈值时，有销售员时制造商收益高于无销售员时制造商收益，有销售员时的系统收益高于无销售员时的系统收益。而有销售员时零售商收益总是小于无销售员分散决策模式下的零售商收益；无销售员分散决策时，系统收益最低。

（3）考虑了制造商、零售商和销售员组成的供应链系统，构建了协同激励和传统激励两种激励模型，分析了不同激励方式对供应链绩效的影响，并对比了两种情形下的契约设计和供应链成员收益情况。通过分析，得出了一系列结论：与传统激励相比，协同激励时制造商给予零售商的佣金减少；零售商给予销售员的佣金减少，底薪则由销售员的风险规避系数而定；制造商收益增加，零售商收益下降，整个供应链系统的收益增加。

（4）考虑了制造商、零售商、销售员和顾客组成的供应链系统的销售员激励问题。将销售员的努力分为短期性努力和长期性努力，应用委托代理理论，分别研究了对称信息和信息不对称两种信息状态下，协同激励和传统激励两种激励模式时销售员激励契约设计，并对比了四种情形下的销售努力水平和供应链系统收益情况。研究表明：对称信息状态下传统激励时，销售员长期努力等于销售员短期努力；对称信息状态下协同激励时，销售员长期努力高于销售员短期努力；信息不对称状态下传统激励时，销售员的短期努力不低于销售员长期努力，并且，随着销售员对未来贴现的增加，两种努力均有所增加，当贴现为 1 时，两种努力水平相等；信息不对称状态下协同激励时，若贴现因子较小，短期努力水平高于长期性努力水平，若贴现因子较大，短期努力水平低于长期努力水平；和信息不对称状态下传统激励相比，信息不对称状态下协同激励时销售员的长期努力水平增加，短期努力水平减少，但制造商和整个供应链系统收益增加。供应链成员采用协同激励，可以使销售员更有意愿付出长期努力，进而提升顾客满意度和供应链系统的收益，这是一个多赢的战略。

7.2　展望

销售员激励的相关研究在国外起步较早，国内相关研究较少。已有研究只是孤立地考虑销售员的激励问题，没有考虑生产运营决策对销售员激励的影响。近年来涌现的大量研究，是将库存和销售员激励结合考虑。而上述研究多是基于两级供应链的研究。实践中，很多供应链行业是三级供应链。无论是二级供应链或者多级供应链，还是考虑到运营决策对销售员激励的影响，都还有许多问题值得进一步研究。现以本书所研究的问题为例，来对未来研究进行展望。

虽然销售员激励与供应链成员绩效之间的关系问题来源于实际，但为了简化研究并突出重点，在研究中做了一系列假设，使得本书的研究与实际问题有不小差距。例如，在本书第 5 章的研究中，两种商品相互独立。而在现实中，多类产品之间往往还具有替代性或者互补性。这样需求函数将更加复杂，但也贴近实际。那么，在三级供应链中，对销售多种商品且商品具有替代性或者互补性的销售员该如何激励？不同的激励方式，对供应链绩效将产生怎样的影响？又如，在本书第 6 章中，虽然考虑了销售员的销售努力维度，考虑了顾客满意度，但是，却没有和营销运营结合起来。如库存和多维度销售努力的销售员激励研究及不同的激励方式对供应链绩效的影响研究，都将是进一步研究的课题。总之，在本书基础上，将某些假设进行“放松”，将是进一步研究的方向。

另外，网络渠道是现在很前沿的研究课题，综合考虑传统渠道和网络渠道，分析双渠道下销售员的激励问题，并结合营销运营和顾客抱怨进行研究，将成为一个新的研究热点。

参考文献

[1] 柴跃廷，刘义．敏捷供应链管理［M］．北京：清华大学出版社，2001.

[2] 陈剑，徐鸿雁．基于销售商努力的供应商定价和生产决策［J］．系统工程理论与实践，2009，29（5）：1－10.

[3] 陈志祥，马士华，陈荣秋．供应链企业间的合作对策与委托实现机制问题［J］．科研管理，1999，20（6）：98－102.

[4] 丁川，王开弘．基于多时期的分销渠道成员长期努力补偿激励机制［J］．系统管理学报，2009，18（2）：158－164.

[5] 丁川．基于博弈论的营销渠道协作研究［D］．成都：西南财经大学，2009.

[6]［美］菲利普·科特勒，加里·阿姆斯特朗．市场营销［M］．北京：中国人民大学出版社，2015.

[7] 胡德华，种乐熹，邱均平，李俊．国内外知识检索研究的进展与趋势［J］．图书情报知识，2015（3）：93－106.

[8] 胡运权．运筹学教程［M］．北京：清华大学出版社，2007.

[9] 姬小利．伴随销售商促销努力的供应链契约设计［J］．中国管理科学，2006，14（4）：46－49.

[10] 贾明迪. 跨边界激励对销售人员绩效的影响机制研究 [D]. 上海: 同济大学, 2012.

[11] 李善良. 供应链委托代理问题分析 [D], 上海: 复旦大学, 2005.

[12] 龙小兵. 知识型企业员工非物质激励机制与创新绩效研究 [D]. 长沙: 中南大学, 2012.

[13] 马士华, 林勇, 陈志祥. 供应链管理 [M]. 北京: 机械工业出版社, 2000: 40-45.

[14] 马士华, 王一凡, 林勇. 供应链管理对传统制造模式的挑战 [J]. 华中理工大学学报 (社会科学版), 1998, 111 (2): 65-67.

[15] 田厚平, 刘长贤, 郭亚军. 多代理人销售系统的薪酬设计及信息价值分析 [J]. 管理科学学报, 2008, 11 (1): 42-48.

[16] 田厚平, 刘长贤. 非对称信息下分销渠道中的激励契约设计 [J]. 管理科学学报, 2009, 12 (3): 77-82.

[17] 田厚平, 刘长贤. 双重信息不对称下销售渠道双目标混合激励模型 [J]. 管理科学学报, 2011, 3 (14): 34-47.

[18] 徐建中. 基于顾客消费行为的营销渠道激励机制 [D]. 武汉: 华中科技大学, 2007.

[19] 许振亮, 郭晓川. 50 年来国际技术创新研究前沿的演进历程——基于科学知识图谱视角 [J]. 科学学研究, 2012 (1): 44-59.

[20] 张春平. 我国保险营销人员激励机制研究 [D]. 哈尔滨: 哈尔滨工程大学, 2008.

[21] 张维迎. 博弈论与信息经济学 [M]. 上海: 三联出版社, 1996.

[22] 赵林度. 供应链与物流管理: 理论与实务 [M]. 北京: 机械工业出版社, 2003.

[23] 郑鑫, 叶明海. 跨边界协同激励对销售人员绩效的影响机制研究 [J]. 管理世界, 2015 (11): 184-185.

[24] Albers S. Optimization models for salesforce compensation [M]. European Journal of Operations Research, 1996, 89: 1 - 17.

[25] Anderson E., Oliver R. Perspectives on behavior-based versus outcome-based salesforce control systems [J]. Journal of Marketing, 1987, 51 (October): 76 - 88.

[26] Armstrong J. S., Overton T. S. Estimating nonresponse bias in mail surveys [J]. Journal of Marketing Research, 1977, 14 (3): 396 - 402.

[27] Atkinson A. A. Incentives, uncertainty and risk in the newsboy problem [J]. Decision Science, 1979 (10): 341 - 353.

[28] Barney J. Firm resources and sustained competitive advantage [J]. Journal of Management, 1991, 17 (1): 99 - 120.

[29] Barratt M. Understanding the meaning of collaboration in the supply chain [J]. Supply Chain Management: An International Journal, 2004, 9 (1): 30 - 41.

[30] Basu A., Lal R., Srinivasan V., et al. Salesforce-compensation plans: An agency theoretic perspective [J]. Marketing Science, 1985, 24 (4): 267 - 291.

[31] Basu A. K. Kalyanaram G. On the relative performance of linear versus nonlinear compensation plans [J]. International Journal of Research in Marketing, 1990, 7 (2 - 3): 171 - 178.

[32] Bhardwaj P. Delegating pricing decisions [J]. Marketing Science, 2001, 20 (2): 143 - 169.

[33] Bowles S., Gintis H. The evolution of strong reciprocity: Cooperation in heterogeneous populations [J]. Theoretical Population Biology, 2004, 65: 17 - 28.

[34] Brandenhwger A., Nalebuff B. The right game: Use game Theory to shape

strategy [J]. Harvard Business Review, 1995, Julv-AuQUSt: 57-73.

[35] Caldieraro F., Coughlan A. T. Spiffed-up channels: The role of spiffs in hierarchical selling organizations [J]. Marketing Science, 2007, 26 (1): 31-51.

[36] Cao M., Zhang Q. Supply chain collaboration: Impact on collaborative advantage and firm performance [J]. Journal of Operations Management, 2011, 29 (3): 163-180.

[37] Charvet F. F., Cooper M. C. Key contact employees and supply chain collaboration: A literature review and research agenda [J]. Supply Chain Forum An International Journal, 2011, 12 (2): 4-18 (15).

[38] Chen C. M. CiteSpace II: Detecting and visualizing emerging trends and transient patterns in scientific literature [J]. Journal of the American Society for Information Science and Technology, 2006, 57 (3): 359-377.

[39] Chen C. M., Morris S. Visualizing evolving networks: Minimum spanning trees versus Pathfinder networks. Proceedings of IEEE Symposium on Information Visualization [M]. IEEE Computer Society Press, Washington, 2003: 67-74.

[40] Chen C. M. Searching for intellectual turning points: Progressive knowledge domain visualization [J]. Proceedings of the National Academy of Sciences of the United States of America. 2004.

[41] Chen F. Provision of incentives for information acquisition: A comparison between forecast-based contracts and menus of linear Contracts [J]. Working Paper, 2009. Columbia Business School.

[42] Chen F. Salesforce incentives and inventory management [J]. Manufacturing and Service Operations Management, 2002 (2): 186-202.

[43] Chen F. Salesforce incentives, market information, and production/inven-

tory planning [J] . Management Science, 2005, 51 (1): 60 -75.

[44] Chen Jian, Xu Hongyan, Liu Liming. Compensation and price delegation for heterogenous sales force [J] . Hong Kong Institute of Business Studies Working Paper Series. 2013. Paper 94.

[45] Chen Y. J. , Xiao W. Q. Impact of reseller's forecasting accuracy on channel member performance [J] . Production and Operations Management, 2012, 21 (6): 1075 -1089.

[46] Chiang W. Y. , Chajed D. and Hess J. D. Direct marketing, indirect profits: A strategic analysis of dual-channel supply-chain design [J]. Management Science, 2002, 49 (1): 1 -20.

[47] Chu L. Y. , Lai G. M. Salesforce contracting under demand censorship. Manufacturing & Service Operations Management, 2013, 15 (2): 320 -334.

[48] Chung D. J. , Steenburgh T. , Sudhir K. Do bonuses enhance sales productivity? A Dynamic Structural Analysis of Bonus-Based Compensation Plans. Marketing Science, 2014, 33 (2): 165 -187.

[49] Churchill G. A. , Ford N. M. and Walker O. C. Sales force management [J] . Homewood/ Boston: Irwin, 1997: 457 -520.

[50] Coughlan A. T, Sen S. K. Salesforce compensation: Theory and managerial implications [J] . Marketing Science, 1989, 8 (4): 324 -342.

[51] Coughlan A. Salesforce compensation: A review of MS/OR advances [M] J. Eliashberg G. Lilien, eds. Handbooks in Operations Research and Management, 1993.

[52] Coughlan A. T. , C. Narasimhan. An empirical analysis of salesforce compensation plans [J] . Journal of Business, 1992, 65: 93 -121.

[53] Dai T. L, Jerath K. Salesforce compensation with inventory considerations

[J] . Management Science, 2013, 59 (11): 2490 -2501.

[54] Dai Y. , Chao X. L. Salesforce contract design and inventory planning with asymmetric risk-averse sales agents [J] . Operations Letters, 2013, 41: 86 -91.

[55] Dai Y. , Chao X. Price delegation and salesforce contract design with asymmetric risk aversion coefficient of sales agents [J] . International Journal of Production Economics, 2016, 172: 31 -42.

[56] Daugherty P. J. , Richey R. G. and Roath A. S. et al. Is collaboration Paying off for firms? Business Horizons, 2006, 49 (1): 62 -70.

[57] Dearden J. , Lilien G. On optimal salesforce compensation in the presence of production learning effects [J] . International Journal of Marketing Research , 1990, 7 (2 -3): 179 -188.

[58] Dumrongsiri A. , Fan M. , Jain A. , et al. A supply chain model with direct and retail channels [J] . European Journal of Operational Research, 2008, 187 (3): 691 -718.

[59] Dyer J. H. , Singh H. The relational view: cooperative strategy and sources of inter-organizational competitive advantage [J] . Academy of Management Review, 1998, 24 (4): 660 -679.

[60] Eisenhardt K. M. Building theories from study research [J] . Academy of Management Review, 1989, 14 (4): 532 -550.

[61] Farley J. U. An optimal plan for salesmen's compensation. Journal of marketing research [J] . 1964, 1 (2): 39 -43.

[62] Fornell C. , Larcker D. F. Evaluating structural equation models with unobservable variables and measurement error [J] . Journal of Marketing Research, 1981, 28 (1): 39 -50.

[63] Frohlich M. T. , Westbrook R. Arcs of integration: An international study

of supply chain strategies. Journal of Operations Management, 2001, 19 (2): 185 – 200.

[64] Godes D. In the eye of the beholder: An analysis of the relative value of a top sales rep across firms and products [J]. Marketing Science, 2003, 22 (2): 161 – 187.

[65] Gonik J. Tie salesmen's bonuses to their forecasts [J]. Harvard Business Review, 1978, 56 (3): 116 – 122.

[66] Greenhalgh C., Rogers M. Trade marks and performance in UK firms: Evidence of schumpeterian competition through innovation [J]. Oxford Intellectual Property Research Centre, 2007.

[67] Griffiths W., Jensen P. and Webster E. The effects of firm profits of the stock of intellectual property rights [J]. Melbourne Institute, Working Paper, 2005, 4/05.

[68] Handfield R. B., Bechtel C. The role of trust and relationship structure in improving supply chain responsiveness [J]. Industrial Marketing Management, 2002, 31 (4): 367 – 382.

[69] Hauser J., Simester D. and Wernerfelt B. Customer satisfaction incentives [J]. Marketing Science, 1994, 13 (4): 327 – 350.

[70] Heese H. S., Swaminathan J. M. Inventory and sales effort management under unobservable lost sales [J]. European Journal of Operational Research, 2010, 207, 1263 – 1268.

[71] Holmstrom B., Milgrom P. Aggregation and linearity in the provision of inter-temporal incentives [J]. Econometrica, 1987, 55 (2): 303 – 328.

[72] Holmstrom B. Moral hazard and observability [J]. Bell Journal of Economics, 1979, 10: 74 – 91.

[73] Hopp W. J., Iravani S. and Yuen G. The role of wholesale salespersons

and incentive plans in promoting supply chain performance. Department of Industrial Engineering and Management Science, Northwestern University, Evanston, IL. Working paper, 2010. http: //users. iems. northwestern. edu/ ~ iravani/ Wholesale%20Salespersons. pdf.

[74] Jerath K., Netessine S. and Zhang Z. J. Can we all get along? Incentive contracts to bridge the marketing and operations divide [J]. Working paper, Columbia University, New York, 2010.

[75] John G., Weitz B. A. Explaining variation in sales compensation plans: Empirical evidence for the basu et al. model [J]. working paper, University of Minnesota, 1988.

[76] John G., Weitz B. A. Salesforce compensation: An empirical investigation of factors related to use of salary versus incentive compensation [J]. Journal of Marketing Research, 1989, 26: 1 – 14.

[77] Johnson B. It's been a good five years unless you're in media [J]. Advertising Age, 2006, 77 (50): 16 – 18.

[78] Johnson J. J., Sohi R. S. The development of interfirm partnering competence: platforms for learning, learning activities and consequences of learning [J]. Journal of Business Research, 2003, 56 (9): 757 – 766.

[79] Joseph K., Kahvani M. U. The role of bonus pay in salesforce compensation plans [J]. Industrial Marketing Management, 1998, 27 (2): 147 – 159.

[80] Joseph K., Thevaranjan A. Monitoring and incentives in sales organizations: An agency theoretic perspective [J]. Marketing Science, 1998, 17 (2): 107 – 123.

[81] Kalra A., Shi M. Z., Srinivasan K. Salesforce compensation scheme and consumer inferences [J]. Management Science, 2003, 49 (5): 655 –

672.

[82] Kalwani M. U. , Narayandas N. Long-term manufacturer-supplier relationships: do they pay? [J] . Journal of Marketing, 1995, 59 (1): 1 – 15.

[83] Khanjari N. E. , Iravani S. , Shin H. The impact of the manufacturer-hired sales agent on a supply chain with Information asymmetry [J]. Manufacture & service operations management, 2014, 16 (1): 76 – 88.

[84] Kim B. , Oh H. The impact of decision-making sharing between supplier and manufacturer on their collaboration performance [J] . Supply Chain Management An International Journal, 1996, 10 (3): 223 – 236.

[85] Kogut B. Joint ventures: theoretical and empirical perspectives [J]. Strategic Management Journal, 1988, 9 (4): 319 – 332.

[86] Krafft M. , Lal R. Alber S. Relative explanatory power of agency theory and transaction cost analysis in german salesforces, Working paper [J]. Stanford Graduate School of Business, 1996.

[87] Krasnikov A. , Mishra S. and Orozco D. Evaluating the financial impact of branding using trademarks: A framework and empirical evidence [J]. Journal of Marketing, 2009, 73, 154 – 166.

[88] Kung L. C. , Chen Y. J. Impact of reseller's and sales agent's forecasting accuracy in a multilayer supply chain [J] . Naval Research Logistics, 2014, 61: 207 – 222.

[89] Lal R. , Outland D. and Staelin R. Salesforce compensation plans: An individual level analysis [J] . Marketing Letters, 1994, 5 (2): 117 – 130.

[90] Lal R. , Srinivasan V. Compensation plans for single and multi-product salesforces: An application of the holmstrom-milgrom model [J]. Management Science, 1993, 39: 777 – 793.

[91] Lal R. Delegating pricing responsibility to the salesforce [J] . Marketing

Science, 1986, 5 (2): 159 - 168.

[92] Lal R., Staelin R. Salesforce compensation plans in environments with asymmetric information [J]. Marketing Science, 1986, 5/3: 179 - 198.

[93] Lambert D. M., Cooper M. C. Issues in supply chain management [J]. Industrial Marketing Management, 2000, 29 (1): 65 - 83.

[94] Lee C. Y., Yang R. N. Compensation plan for competing salespersons under asymmetric information [J]. European Journal of Operational Research, 2013, 227: 570 - 580.

[95] Lee D., Dong M. Dynamic network design for reverse logistics operations under uncertainty [J]. Transportation Research Part E: Logistics and TransportationReview, 2009, 45 (1): 61 - 71.

[96] Lee H. L., Padmanabhan V. Information distortion in a supply chain: The bullwhip effect [J]. Management Science, 1997, 43 (4): 546 - 558.

[97] Mantrala M. K., Raman K. Analysis of a salesforce-incentive plan for accurate sales forecasting and performance [J]. International Journal of Research in Marketing, 1990, 7/2 - 3: 189 - 202.

[98] Mantrala M. K., Sinha P. and Zoltners A. A. Structuring a multiproduct sales quota-bonus plan for a heterogeneous sales force: A practical model-based approach [J]. Marketing Science, 1994, 13/2: 121 - 144.

[99] Martilla J. A., James J. C. Importance-Performance Analysis [J]. Journal of Marketing, 1977, 41 (1): 77 - 79.

[100] Martine Christopher. Logistics and supply chain management: Strategies for reducing cost and improving service (2e)[M]. Publishing House of Electronics Industry, 2003: 1 - 10.

[101] Maslow A. H., Green C. D. A theory of human motivation [J]. Psychological Review, 1943, 50 (1): 370 - 396.

[102] Mentzer J. T. , Foggin J. H. and Golicic S. L. Collaboration: the enablers, impediments, and benefits [J] . Supply Chain Management Review, 2000, 5 (6): 52 –58.

[103] Mingdi J. , Minghai Y. , Xin Z. Constructing the optimized two-way supply chain model for auto sales corporation in China// New Trends in Information Science and Service Science (NISS), 2010 4th International Conference on. IEEE, 2010: 190 –195.

[104] Mirrlees J. A. Notes on welfare economics, information, and uncertainty [J] . Essays in Equilibr Ium Behavior Under Uncertainty, 2011.

[105] Mirrless J. A. The optimal structure of incentives and authority within an organization [J] . Bell Journal of Economics, 1976, 7: 105 –131.

[106] Mishra B. K. , Prasad A. Centralized pricing versus delegating pricing to the salesforce under information asymmetry [J] . Marketing Science, 2004, 23 (1): 21 –27.

[107] Mishra B. K. , Prasad A. Delegating pricing decisions in competitive markets with symmetric and asymmetric information [J] . Marketing Science, 2005, 24 (3): 490 –497.

[108] Morgan R. M. , Hunt SD. The commitment-trust theory of relationship marketing [J] . Journal of Marketing, 1994, 58 (3): 20 –38.

[109] Moss Kanter R. M. Collaborative advantage: The art of alliances [J]. Harvard Business Review, 1994, 72 (4): 96 –108.

[110] Park N. K, Mezias J. M. and Song J. A resource-based view of strategic alliances and firm value in the electronic marketplace [J] . Journal of Management, 2004, 30 (1): 7 –27.

[111] Pendergast C. The provision of incentives in firms. Journal of Economic Literature, 1999, 37 (March): 7 –63.

[112] Pfeil C. M. , Posselt T. and Maschke N. Incentives for sales agents after the advent of the internet Market Letters, 2008, 19: 51 –63.

[113] Podsakoff P. M. , MacKenzie S. B. , Lee J. Y. and Podsakoff N. P. Common method biases in behavioral research: a critical review of the literature and recommended remedies [J] . Journal of Applied Psychology, 2003, 88 (5): 879 –903.

[114] Porter L. W. , Lawler E. E. What job attitudes tell about motivation [J]. Harvard Business Review, 1968, 46 (1): 118 –126.

[115] Porteus E. , Whang S. On manufacturing/marketing incentives [J]. Management Science, 1991, 9: 1166 –1181.

[116] Pratt J. W. Risk aversion in the small and in the large [J] . Huebner International, 1992, 14 (4): 83 –98.

[117] Raju J. , V. Srinivasan. Quota-based compensation plans for multiterritory heterogeneous salesforces [J] . Management Science, 1996, 42 (10): 1454 –1462.

[118] Ramanathan U. , Gunasekaran A. Supply chain collaboration: Impact of success in long-term partnerships [J] . International Journal of Production Economics, 2014, 147 (147): 252 –259.

[119] Ramanathan U. Performance of supply chain collaboration-A simulation study. Expert Systems with Applications, 2014, 41 (1): 210 –220.

[120] Rao R. Compensating heterogeneous salesforces: Some explicit solutions [J] . Marketing Science, 1990, 9 (4): 319 –341.

[121] Ross S. A. The economic theory of agency: The principal problem [J]. American Economic Review, 1973, 63 (2): 134 –139.

[122] Sabath R. E. , Fontanella J. . The unfulfilled promise of supply chain collaboration [J] . Supply Chain Management Review, 2002, 6 (4): 24 –

29.

[123] Saghafian S. , Chao X. L. The impact of operational decisions on the design of salesforce incentives [J] . Naval Research Logistics, 2014, 61: 320 - 340.

[124] Seethamraju C. The value relevance of trademarks, in intangible assets: values, measures, and risks. Eds. J. Hand and B. Lev. Oxford: Oxford University Press, 2003: 228 - 240.

[125] Selten R. Spieltheoretische behandlung eines oligopolmodells mit nachfrageträgheit. zeitschrift für die gesamte staatswissenschaft [J]. International Journal of Game Theory, 1965 (11): 439 - 441.

[126] Sheu C. , Yen H. R. and Chae D. Determinants of supplier-retailer collaboration: evidence from an international study [J] . International Journal of Operations and Production Management, 2006, 26 (1): 24 - 49.

[127] Simatupang T. M. , Sridharan R. The collaborative supply chain [J]. The International Journal of Logistics Management, 2002, 13 (1): 15 - 30.

[128] Simchi L. D, Kaminsky P. and Simchi L. E. Designing and managing the supply chain [M] . 1999, McGraw-Hill, London.

[129] Spence M. , Zechhauser R. Insurance, information and individual action [J] . American Economics Review, 1971, 61: 380 - 387.

[130] Stank T. P. , Keller S B, Daugherty P J. Supply chain collaboration and logistical service performance [J] . Journal of Business Logistics, 2001, 22 (1): 29 - 48.

[131] Swaminathan J. M. , Tayur S. R. Models for supply chains in e-business [J] . Management Science, 2003, 49 (10): 1387 - 1406.

[132] Tang C. S. A review of marketing-operations interface models: From coexistence to coordination and collaboration [J] . International Journal of

Production Economics, 2010, 125 (1): 22 -40.

[133] Tang C. S. A review of marketing-operations interface models: From co-existence to coordination and collaboration [J] . International Journal of Production Economics, 2010, 125 (1): 22 -40.

[134] Taoiero C. S. , Farley J. U. Optimal control of a salesforce effort in time [J] . Management Science, 1975, 21, 976 -985.

[135] Taylor T. A. Supply chain coordination under channel rebates with sales effort effects [J] . Management Science, 2002, 48 (8): 992 -1007.

[136] Thomas D. J. , Griffin P. M. Coordinated supply chain management [J]. European Journal of Operational Research, 1996, 94 (1): 1 -15.

[137] Thomé A. M. T. , Scavarda L. F. and Fernandez N. S. et al. Sales and operations planning: A research synthesis [J] . International Journal of Production Economics, 2012, 138 (1): 1 -13.

[138] Toyota financial services (2012) area sales manager-middletown DSSO-TFS000LD [J] . Accessed February 18, 2012, https: //tmm. taleo. net/careersection/10020/jobdetail. ftl.

[139] Tsay A. A. , Agrawal N. Channel conflict and coordination in the e-commerce age [J] . Production and Operations Management, 2004, 13: 93 -110.

[140] U. S. Department of Labor, Bureau of labor statistics (2012a) Occupational outlook handbook, 2012-13 edition, Sales managers. accessed March 20, 2013, http: // bls. Gov /ooh /Management/ Sales-managers. htm.

[141] U. S. Department of Labor, Bureau of Labor Statistics (2012b) Occupational outlook handbook, 2012 -13 edition, Wholesale and manufacturing sales representatives. Accessed March 20, 2013, http: //bls. gov/

ooh/sales/wholesale-and-manufacturing-sales-representatives. htm.

[142] Vicky M., Maro V. and Dimitris F. Virtual E-chain (vec) Model for supply chain collaboration [J]. International Journal of Production Economics, 2004, 87 (3): 241-250.

[143] Webb K. L. Managing channels of distribution in the age of electronic commerce [J]. Industrial Marketing Management, 2001, 31 (2): 95-102.

[144] Weinberg C. B. Jointly optimal sales commissions for nonincome maximizing sales force [J]. Management Science, 1978, 24: 1252-1258.

[145] Williamson O. E. Markets and Hierarchies: Analysis and antitrust implications [M]. New York: Free Press, 1975.

[146] Xin Z., Sizong W. Cross-manufacturer-dealers´salesmen incentive management model based on customer loyalty value chain// New Trends in Information and Service Science, International Conference on. IEEE, 2009: 886-891.

[147] Zhang J. L., Chen J. and Lee C. Y. Coordinating price and inventory control with demand influenced by promotional decision. Working paper, Tsinghua University, 2006.

[148] Zheng X., Ye M. Research on cross-enterprise employees motivation management model based on internet platform// International Conference on E-business & Information System Security. 2009: 1-5.

[149] Zoltners A., Sinha P. and Lorimer S. E. Sales force effectiveness: A framework for researchers and practitioners [J]. Journal of Personal Selling Sales Management, 2008, 28 (2): 115-131.